U0743905

# "红船"铸青春

## ——让志愿服务成为一种生活方式

编　著　毕洪东　冯伟芳　卓海丹　唐　曦
吴凯强　王　琳　张　丹

浙江工商大学 出版社
ZHEJIANG GONGSHANG UNIVERSITY PRESS
·杭州·

图书在版编目（CIP）数据

"红船"铸青春：让志愿服务成为一种生活方式 /
毕洪东等编著 . — 杭州：浙江工商大学出版社，2021.9（2025.6 重印）
ISBN 978-7-5178-4658-1

Ⅰ.①红 … Ⅱ.①毕 … Ⅲ.①志愿者—社会服务—研
究 Ⅳ.① C916

中国版本图书馆 CIP 数据核字 (2021) 第 179432 号

"红船"铸青春——让志愿服务成为一种生活方式
"HONGCHUAN" ZHU QINGCHUN——RANG ZHIYUAN FUWU CHENGWEI YIZHONG SHENGHUO FANGSHI

毕洪东　冯伟芳　卓海丹　唐　曦　吴凯强　王　琳　张　丹
编　著

责任编辑　谭娟娟
封面设计　云水文化
责任印制　屈　皓
出版发行　浙江工商大学出版社
　　　　　（杭州市教工路 198 号　邮政编码 310012）
　　　　　（E-mail：zjgsupress@163.com）
　　　　　（网址：http：//www.zjgsupress.com）
　　　　　电话：0571-88904980，88831806（传真）
排　　版　杭州红羽文化创意有限公司
印　　刷　杭州高腾印务有限公司
开　　本　710mm×1000mm 1/16
印　　张　11.5
字　　数　141 千
版 印 次　2021 年 9 月第 1 版　2025 年 6 月第 5 次印刷
书　　号　ISBN 978-7-5178-4658-1
定　　价　42.00 元

版权所有　　侵权必究

如发现印装质量问题，影响阅读，请与营销发行中心联系调换
联系电话　0571-88904970

# 序

习近平总书记在致中国志愿服务联合会第二届会员代表大会的贺信中对志愿服务工作寄予期望，勉励广大志愿者、志愿服务组织、志愿服务工作者要立足新时代、展现新作为，弘扬奉献、友爱、互助、进步的志愿精神，继续以实际行动书写新时代的雷锋故事。

浙江作为中国革命红船的起航地、改革开放的先行地、习近平新时代中国特色社会主义思想的重要萌发地，始终牢记并践行着"干在实处、走在前列、勇立潮头"的要求，传承和弘扬"红船精神"，不断推进志愿服务工作制度化、志愿服务活动常态化，取得了丰硕成果，积累了宝贵经验，正奋力推进浙江实现中国特色社会主义共同富裕先行和省域现代化先行。无论在百姓生活的社区，国际交流的会场，人们穿行的车站、机场、码头，还是在救灾抗疫的一线、"两项计划"的服务地，都能看到志愿者、志愿服务工作者奔波忙碌的身影，以奉献奋斗助力创造美好生活。

志愿服务是现代社会文明进步的重要标志，是加强精神文明建设、培育和践行社会主义核心价值观的重要内容。志愿服务精神与中华优秀传统文化、红色革命文化及社会主义先进文化都有着密切联系。从儒家"仁爱"、墨家"兼爱"、道家"泛爱",到"奉献自我""友爱之情""互帮互助""稳定进步";从弘扬"全心全意为人民服务"的雷锋精神和"求真务实、诚信和谐、开放图强"的浙江精神,到践行社会主义核心价值观,推动社会治理格局共建、共治、共享,助力实现中华民族伟大复兴的中国梦,都是紧密联系的。志愿服务既推动了中华优秀传统文化的传承,又推动了社会主流价值观的传播,正日益成为广大志愿者、志愿服务组织、志愿服务工作者的一种生活方式。

通过编著本书,希望能够对新时代志愿服务工作的理论研究、浙江省志愿服务工作的实践总结等方面起到一定的促进作用。当然受团队成员学识及经验所限,书中定有不足乃至错误的地方,恳请读者们批评指正。在此还要感谢浙江省志愿者协会对项目研究和本书编著出版所给予的大力支持。

编著组

2023年6月15日

# 目录

第一章

# 青春筑梦
## ——志愿服务是什么

青春是什么？青春就是奉献，青春就是勇往直前，青春就是创造，青春就是担当。

100多年前，一群平均年龄只有28岁的中国青年点燃革命火种，奉献全部青春；革命战争时期，中国青年为争取民族独立、人民解放，勇往直前不顾青春；社会主义建设时期，中国青年在广阔天地忘我劳动、艰苦创业，创造历史不负青春；改革开放时期，中国青年团结起来为振兴中华、实现祖国繁荣富强开拓进取、锐意创新，担当有为成就青春；在走向中华民族伟大复兴的新征程上，中国青年始终活跃在军事武装最前线、科技创新最前沿、经济建设主战场、社会建设新领域、文化发展大舞台、基层实践大熔炉，为人民战斗、为祖国献身、为幸福生活奋斗，把最美好的青春献给祖国和人民，书写了无愧于时代的答卷，谱写了一曲又一曲壮丽的青春之歌。

在迈上全面建设社会主义现代化国家新征程，向第二个百年奋斗目标进军之际，实现中华民族伟大复兴中国梦的接力棒已然交到当代青年手中，中国青年将赓续共产党人的精神血脉，奋勇前进，共筑中国梦！

# 第一节　志愿服务与"红船精神"

国务院颁布的《志愿服务条例》明确规定，志愿服务是指志愿者、志愿服务组织和其他组织自愿、无偿向社会或者他人提供的公益服务。公益性是志愿服务的根本属性，自愿、无偿是志愿服务的基本特征，亲身实践是志愿服务的特定要求。

浙江省是"中国革命红船起航地、改革开放先行地、习近平新时代中国特色社会主义思想重要萌发地"。2005年6月，时任浙江省委书记的习近平同志在《光明日报》发表文章，提出了"开天辟地、敢为人先的首创精神，坚定理想、百折不挠的奋斗精神，立党为公、忠诚为民的奉献精神"。正是因为有这样的天然优势，在"红船精神"的指引下，浙江省不断推进志愿服务制度化、常态化，志愿服务事业走在全国前列。

"红船精神"是中国革命精神之源，它蕴含着一种能够把各种革命精神贯穿起来的思想内核，是不同革命精神之间相互联系、形成精神谱系并且能够传承至今的根本原因之所在；它承载着中国共产党的初心和使命，是党的先进性之源。志愿服务与"红船精神"具有深厚的内在关联，在思想渊源上两者都根植于中华民族的传统文化和民族精神，在价值追求上两者有同向的奋斗目标。弘扬"红船精神"，深化志愿服务，有利于推进中国特色社会主义志愿服务事业的发展。

# 一、志愿服务与"红船精神"具有共同的精神内核

## （一）坚守理想信仰，具有内在一致的政治性

中国共产党能够不断发展壮大，靠的是坚定的理想信念和百折不挠的革命精神。正如习近平总书记所指出的："红船所代表和昭示的是时代高度，是发展方向，是奋进明灯，是铸就在中华儿女心中的永不褪色的精神丰碑。"

从发展历程来看，志愿服务是党和国家高度重视的战略性工作。我国的志愿服务伴随着中国改革开放得到了迅猛发展。1963年，毛泽东

同志题词"向雷锋同志学习"在《人民日报》发表，学习雷锋活动成为推动我国社会主义精神文明建设最强劲的动力。有着崇高而坚定的理想信念、对党的无比忠诚、对祖国的炽热情怀和对社会主义的坚贞信念的雷锋精神的广泛传播，奠定了中国特色志愿服务的深厚历史基础。进入新时代，习近平总书记多次发表重要讲话，明确"志愿服务是社会文明进步的重要标志"，强调"广大志愿者、志愿服务组织、志愿服务工作者立足新时代、展现新作为，弘扬奉献、友爱、互助、进步的志愿精神"。20世纪末，党中央一系列文件中就明确提出要大力开展城乡志愿服务活动，党的十七大报告中进一步提出志愿服务体系建设问题，"深入开展群众性精神文明创建活动，完善社会志愿服务体系"，中央全面深化改革领导小组多次就中国志愿服务建设提出重要的指导意见，民政部等政府职能部门先后就志愿服务发展颁布十多项重要文件。习近平总书记系列重要讲话和中央相关文件，不仅明确了中国特色志愿服务发展的根本方向，而且对志愿服务在中国特色社会主义事业建设中的先进作用与重要地位做出高度概括。

志愿服务就像一座桥，一头连着国家发展、民族梦想，一头连着责任担当、使命意识。中国青年的志愿者行动是动员广大志愿者帮助需要帮助的人，凝聚起为坚持和发展中国特色社会主义、实现中华民族伟大复兴中国梦而奋斗的正能量。

习近平总书记曾有这样的表述，人民对美好生活的向往，就是我们的奋斗目标。我们要着力解决人民群众所需所急所盼，让人民共享经济、政治、文化、社会、生态等各方面发展成果，有更多、更直接、更实在的获得感、幸福感、安全感，不断促进人的全面发展、全体人民共同富裕。志愿服务的本质内涵决定了它是中国共产党推进共同富裕这一时代课题的重要组成部分，这与"红船精神"的"不忘初心、牢记使命"是一致的。

## （二）践行根本宗旨，具有内在一致的人民性

习近平总书记在提炼"红船精神"内涵时指出，"立党为公、忠诚为民"的奉献精神和坚持以人民为中心是中国共产党的价值取向，也是中国共产党性质和根本宗旨的体现。中国共产党乘着红船起航，党是"船"，人民是"水"，这艘红船尽管历经狂风暴雨和惊涛骇浪，但依然能一往无前地平稳前行，其奥秘就在于得到了"水"的承载。

志愿精神从本质上说，就是一种全心全意为人民服务的精神。这种精神所蕴含的最为根本的价值取向就是人民利益至上的价值理念，将人民的利益放在首要的位置。而这种价值取向与志愿服务所提倡的社会公益至上的价值理念在本质上具有一致性。一方面，人民当家作主，决定了我国的社会公益本质上属于人民利益的范畴，是基于人民的需要而产生的，提倡人民利益至上就必须提倡社会公益至上。另一方面，作为一种公益活动，志愿服务本身就是为了满足社会公益的需要而产生的。公益性是志愿服务的根本属性，这种公益性强调志愿服务不是针对社会的某个特殊群体的利益，而是面向广大人民群众的共同利益所展开的服务。无论是帮贫扶困、帮孤扶残、支教扫盲、社区建设、环境保护，还是抢险救灾、大型赛会服务、支援边远地区，都属于人民利益的范畴，都是实现和维护人民利益的行动，都是为了让人民过上美好生活，是中国共产党的初心。

正如雷锋在日记里写到的"要把有限的生命投入到无限的为人民服务之中去"，这段经典的话闪耀着雷锋把自己的一生献给人民的道德光辉和精神光芒，以"为人民服务"作为志愿精神内核的雷锋精神充分展示了马克思主义群众观和为民情怀。

## （三）锻造修养品德，具有内在一致的纯洁性

在革命、建设、改革各个时期，一批又一批的共产党员坚定理想信念，为中华民族的独立解放和复兴事业奉献了自己的生命和热血，他们除了国家、民族、人民的利益，没有任何自己的特殊利益。"红船精神"的本质正是这种"立党为公、忠诚为民"的奉献精神，正是对中国共产党纯洁性的生动诠释。

志愿服务最初和最直接的目的是"助人"，即关怀困难人群、特殊人群，解决问题和改善民生。志愿服务的起因是吸引有热心、有爱心的人士关心社会、帮助他人。志愿服务动机的纯洁性决定了其是一项闪烁着人性光芒的、太阳底下最光辉的社会事业，其开创了时代发展的新风尚。

2013年的五四青年节，习近平总书记同各界优秀青年代表座谈时指出，要倡导社会文明新风，带头学雷锋，积极参加志愿服务，主动承担社会责任，热诚关爱他人，多做扶贫济困、扶弱助残的实事好事，以实际行动促进社会进步。

谭建光在《中国青年轨迹：从"四最精神"到"四最志愿"》中介绍："1955年，毛泽东同志在《中山县新平乡第九农业生产合作社的青年突击队》的按语中，提到青年'最积极、最有生气、最肯学习、最少保守思想'的'四最精神'成为社会主义建设初期的亮丽特色……追寻中国青年的发展轨迹，新中国社会经济建设时期的'四最精神'和21世纪社会治理创新时期的'四最志愿'（即：志愿最崇高、志愿最时尚、志愿最贴心、志愿最广阔）成为两个标志。"任何历史时期，青年总是在政治、经济、社会、文化等方面发挥着创新作用，也总是不断地为社会提供新热点、新萌芽、新特点，使其成为社会各界关注的要素和借鉴的资源。陆士桢教授等在《中国特色志愿服务理论建构中的"中国梦"目标定向》一文

中指出："志愿服务行动把社会中最积极、最能动的个体凝聚在一起，促进社会积极力量的增值与发育，志愿服务行为不仅仅是国家富强建设的重要人力资源，而且是国家富强的重要精神力量之一。"

同时，志愿服务还有"育人"的作用。其最生动地体现在中国的大学生身上，他们在参加支教助学、帮残助老、扶贫济困、抗震救灾、支援西部、下乡扶贫等志愿服务活动的过程中，不仅搭建了连接自我、学校、社区乃至社会的平台，利用自己的所学知识和技能服务于社会需要，实现自身的社会价值，而且在参与志愿服务的过程中收获他人、社会的认可和赞誉，体验志愿服务带来的幸福感、满足感、归属感和成就感，从而丰富个人情感世界。在参与志愿服务过程中，学习新知识，掌握新技能，培养组织协调和团队合作能力，锻炼社会实践能力，增强自信心和创新意识，挖掘和开发自我潜能，并为未来踏入社会积累资本，促进自我发展。

志愿服务不论是帮助他人、服务社会，还是体验锻炼、培育新人，都促进了社会经济发展和社会治理创新，都为中国现代化进程做出了贡献。

## （四）争做先锋模范，具有内在一致的先进性

"红船精神"深刻地体现和反映了中国共产党的先锋队性质，彰显了党的先进性这一中国共产党的本质属性。"红船精神"的核心是开天辟地、敢为人先的首创精神。中国共产党带领中国人民进行革命、建设和改革的伟大实践，展现出开天辟地、敢为人先的首创精神，并以首创精神创造了举世瞩目的辉煌业绩。锐意进取、自强不息的创新精神也是志愿精神的精髓所在，它内在地体现着首创精神，也是中国共产党先锋模范的真实写照。

习近平总书记指出："中国特色社会主义最本质的特征是中国共产

党领导，中国特色社会主义制度的最大优势是中国共产党领导。"我国的志愿服务是伴随着中国特色社会主义的历史进程而发展的。从学雷锋活动到第一家志愿者协会成立再到全民参与志愿服务，我国志愿服务事业快速发展，志愿服务组织不断涌现，在推进精神文明建设、推动社会治理创新、维护社会和谐稳定等方面发挥了重要作用。在党的领导下，我国志愿服务组织以更高站位、更广视野和更新理念推进新时代的志愿服务工作。

党员带头参与志愿服务是我国志愿服务的一大特色。"志愿服务党员先行""共产党员应是当然的志愿者"，在党的领导和号召下，广大党员积极参与志愿服务，扩大了志愿服务的主体力量。据有关统计数据，到2017年6月，在全国志愿服务信息系统里注册的党员志愿者就已达到了44万人。广大党员志愿者是志愿服务的骨干力量，也是排头兵。在参与志愿服务的过程中，广大党员同志总是身先士卒，充分发挥先锋模范作用，他们带头加入志愿服务组织，带头参加志愿服务活动，带头投身志愿服务事业，为全社会做出积极表率，始终走在志愿服务的最前列。

2019年1月，习近平总书记在考察天津市和平区新兴街朝阳里社区时，称赞志愿者是为社会做出贡献的前行者、引领者，强调志愿者事业要与"两个一百年"奋斗目标、同建设社会主义现代化国家同行。2020年2月，习近平总书记在统筹推进新冠肺炎疫情防控和经济社会发展工作部署会议上，高度评价广大志愿者真诚奉献、不辞辛劳，为疫情防控做出了重大贡献。3月15日，习近平总书记在给北京大学援鄂医疗队全体"90后"党员的回信中指出："在新冠肺炎疫情防控斗争中，你们青年人同在一线英勇奋战的广大疫情防控人员一道，不畏艰险、冲锋在前、舍生忘死，彰显了青春的蓬勃力量，交出了合格答卷。广大青年用行动证明，新时代的中国青年是好样的，是堪当大任的！"

志愿服务正是以其先进性和号召力，在中国大地蔚然成风，成为当代社会的潮流时尚，凝聚青年、教育青年、发展青年。

## 二、志愿服务是"红船精神"在新时代的鲜活实践

党的十八大以来，广大志愿者、志愿服务组织、志愿服务工作者积极响应党和人民的号召，弘扬和践行社会主义核心价值观，走进社区、走进乡村、走进基层，为他人送温暖、为社会做贡献，充分彰显了理想信念、爱心善意、责任担当，成为人民有信仰、国家有力量、民族有希望的生动体现。

志愿服务是社会文明进步的重要标志，是"红船精神"在新时代的鲜活实践。深化志愿服务不仅是弘扬"红船精神"的具体体现、有效途径、重要载体，也是"红船精神"在新时代谱写的精彩篇章。

### （一）志愿服务增强"红船精神"的具象感

"红船精神"是中国革命精神之源，凝结着中国共产党的初心和价值追求，发挥着精神明灯的重要作用，是中国共产党在新时代劈波斩浪、奋勇前进的强大精神支柱，蕴含着丰富的时代价值。志愿服务是"红船精神"拓展和升华、与时俱进的产物，是"红船精神"从抽象到具象的有效载体。

#### 1. 志愿服务凸显"红船精神"的基本内涵

中国共产党自诞生之日起，中国共产党人披荆斩棘，开启了一个又一个新长征，弘扬了开天辟地、敢为人先的首创精神；永不懈怠、一往无前、拼搏开拓，体现了坚定理想、百折不挠的奋斗精神；抛头颅、洒热

血，鞠躬尽瘁，舍身忘己，锤炼了"立党为公、忠诚为民"的奉献精神。中国共产党的历史，就是弘扬首创精神、奋斗精神、奉献精神，为人民谋幸福的历史。

中国共产党人与生俱来的奉献精神是现代志愿服务的文化基因，一直在人民心中孕育，在实践中生根发芽。志愿服务是一种建立在自觉自愿前提下的，不以经济利益为唯一追求，意在实现公共利益的行为。随着生产力的进步、社会的发展和人类整体道德水平的提升，志愿服务已被越来越多的人接纳。如今志愿服务已不仅仅是单纯的公益活动，更是推动社会发展的高尚事业，并被视为一种追寻自我价值实现所带来的幸福感的生活方式，已成为许多人的一种生活方式。志愿服务项目、活动所蕴含着的纯洁性、广泛性、实践性等特征，也正是"红船精神"的要义所在，两者都为社会发展服务，目标具有一致性。

"奉献、友爱、互助、进步"的志愿精神，所表现出来的利他主义和公益性更是人的高尚情操的直接体现。志愿者不以物质报酬为目的的初衷就是一种舍弃物质、追求精神升华的体现，他们为社会和他人提供服务的行为更是用实际行动展示了其高尚的道德情操和无私奉献的精神。北京奥运会、上海世博会等大型活动展现了志愿者在促进社会进步、提升社会文明风尚等方面的示范带动作用，而志愿者参与的日常志愿服务更让社会感受到温暖与和谐。

**2. 志愿服务传承"红船精神"的创新品质**

从哲学方法论角度来看，创新精神的意义在于，它超越常规和传统，以新颖、独特的方法解决新问题，开创新境界。创新的核心是首创性，首创性是人类实践活动的重要属性之一，一切美好的事物均留下首创的烙印。开拓创新是中国共产党人应该具有的历史担当。"红船精神"是在特定历史条件下形成的，以马克思主义为指导创建中国共产党，这个大事件本身就具有开天辟地的首创意义。我国志愿服务正是在发展过程中，传承创新精神，不断发现新需求，拓展新领域，创新工作方法。

一是优化志愿服务管理方式。为顺应"互联网+"和大数据发展趋势的客观需求，民政部将全国志愿者队伍建设信息系统升级改造为全国志愿服务信息系统，有效地推进了习近平新时代中国特色志愿服务的互联互通。《志愿服务信息系统基本规范》对志愿服务信息系统的数据采集、功能作用、共享与交换、信息安全等做出规范和要求，为我国志愿服务信息化建设领域提供了全国性行业标准，是开发、完善志愿服务信息系统的基础标准和重要参考，是利用现代信息技术推动志愿服务事业发展的有效手段。全国积极探索"互联网+志愿服务"，支持志愿服务组织安全合规利用互联网优化服务，创新服务方式，提高服务效能。

二是树立志愿服务活动品牌。我国以全面建成小康社会为契机，与时俱进实施社会工作助力脱贫攻坚服务项目，推出邻里守望、脱贫攻坚等一批志愿服务品牌。如以"志愿服务+"（志愿服务+公益平台、志愿服务+微心愿、志愿服务+环境整治、志愿服务+致富项目）等多种方式，聚焦扶贫、济困、扶老、救孤、助残、救灾等重点方面，构建邻里互帮、互助、互信、互爱平台，助推精准扶贫、精准脱贫，打造"农村扶贫济困""社区邻里守望"志愿服务品牌。

三是创新志愿服务载体。志愿服务载体是指帮助志愿服务成功开展的条件和志愿服务中表达出来的形式和内容。志愿服务组织是志愿服务最为重要的载体之一，新时代积极引入"互联网+"、大数据应用等新技术，实现志愿服务载体的创新，确保志愿服务长效、规范运作。浙江海宁的"公益银行""爱心超市"，创新了志愿服务载体，取得了良好成效。甘肃省兰州市城市社区及村镇社区的"巾帼家美积分超市"以小项目带动家庭文明建设，助力脱贫攻坚，引领广大妇女积极参与到创建文明城市、乡村治理、人居环境整治和"美丽乡村"建设中去，在助力脱贫攻坚和乡村振兴中发挥了积极作用。

**3. 志愿服务展示"红船精神"的价值指向**

"红船精神"竖起了一座体现时代特征与社会发展方向的精神丰碑，是中国共产党人把马克思主义理论创造性地运用于中国革命实践，倾听人民意愿，反映人民诉求，把握时代潮流，开拓中国道路，在争取民族独立、人民解放和国家富强中承担民族责任和历史使命的精神映照。"红船精神"体现时代特征，洞悉历史本质，符合社会发展规律，顺应历史潮流，指明中国社会发展进步的方向，具有永恒价值。

习近平总书记指出，中国共产党人的初心和使命，就是为中国人民谋幸福，为中华民族谋复兴。这个初心和使命激励着中国共产党人不断前进。100多年前，中国共产党从红船起航，"红船精神"蕴含着中国共产党人的初心和使命：为了人民的幸福、民族独立和解放，无数人义无反顾地去开拓、去创业、去奋斗、去奉献，打破一个旧世界，建设一个新世界。红船初心和"红船精神"集中体现了人民立场、人民本位、人民至上、一切为了人民、服务人民的马克思主义价值观和为人民谋幸福的人民公仆意识与价值旨归。

我国的志愿服务伴随着中国改革开放得到了迅猛发展，经历了服务意愿从自发到自觉，服务内容从单一到多元，服务范围从部分到社会，服务对象从特殊群众到普通公众，服务队伍、服务组织从少数到遍地开花的发展过程，正呈现出蓬勃发展的燎原之势。从南方的冰冻灾害救援到"5·12"汶川地震抗震救灾，从广泛开展的学雷锋活动到北京奥运会、北京残奥会、上海世博会、广州亚运会、G20杭州峰会等大型志愿服务，志愿服务逐步走向成熟，在社会公益、应急救援、防灾减灾、扶贫济困、社区服务、支援西部等不同领域发挥了积极作用。志愿者如同一面镜子，折射出中国社会道德状况的主流，蔚为壮观的志愿服务队伍，已经成为当今中国社会真善美的一道亮丽风景，凸显出当代中国的强大凝聚力。这与"红船精神"的价值指向不谋而合。正如汶川地震发生后俄新社在一篇评论文章中说道："一个能够出动十万救援人员的国家，一个企业和私人捐款达到数十亿元的国家，一个因争相献血、自愿抢救伤员而交通堵塞的国家，永远不会被打垮。""有困难找志愿者，有时间做志愿者"成为很多人的共识，志愿服务已经从一种身份认同，上升为一种价值认同，并在日常生活中转化为一种行动自觉。

## （二）志愿服务提升"红船精神"的认同感

志愿服务虽然是普遍现象，但不同国家的志愿服务都是基于本国社会的需要而产生和发展的，都要受本国历史文化及经济政治等因素的影响，具有本国特色。我国的志愿服务虽然受到世界其他国家和地区志愿服务理念的影响，但主要根植于我国的历史文化传统，根植于中国特色社会主义建设，是中国特色社会主义事业的有机组成部分。立足于我国国情、突出中国特色，是改革开放以来中国社会变迁与发展的必然产物，也是中国人民在党的领导下推进中国特色社会主义建设的伟大实践。习近平总书记强调要"让雷锋精神在全社会蔚然成风，世世代代弘扬下去"。

### 1. 志愿服务促进对"红船精神"的情感认同

"红船精神"需要经历由"知"到"情"到"行"的转化过程，其中情感认同是前提，是关键。志愿服务活动的持续开展和志愿精神的深入宣传，有利于提升全国人民对"红船精神"的情感认同。志愿服务实践具有情感教育优势，有利于"红船精神"融入社会发展各方面，转化为人们的情感认同和行为习惯。志愿服务过程中的价值观认同便是一个由外到内、由认知到情感再到意志、由观念到行为的连续推进过程。一方面，志愿服务活动的过程，既提升了我国公民自身的道德素质和综合素质，也激发了民众高尚的人生情感。另一方面，通过大力宣传向上向善的志愿服务活动和优秀志愿者先进事迹，营造积极向善的社会风气，不仅传递了正能量，也使我国公民自身政治认同和道德认知与"红船精神"的内核达成一致，在潜移默化中加深了对"红船精神"的理解和感悟，有利于形成良好的道德风尚，促使我国公民从情感上不断地感知与认同"红船精神"。

### 2. 志愿服务促进对"红船精神"的理论认同

志愿精神历久弥新，在社会主义现代化建设的形势下，在全国培育和践行社会主义核心价值观的背景下，"奉献、友爱、互助、进步"的志愿精神随着实践发展内涵不断丰富。奉献精神是志愿精神的灵魂，无私奉献是国家富强、民族振兴的强大精神基础。志愿服务过程中的服务社会、关爱他人的要求是志愿精神的宗旨，在志愿服务活动过程中，志愿者用双手和爱心帮助有困难的人，在帮助他人的同时也锻炼了自己，互相帮助，助人自助，在全面发展自己能力的同时，客观上促进了社会的发展与进步，推进了社会主义精神文明的建设。这也进一步提升了全国人民对"红船精神"的理论认同，把"红船精神"蕴含的重大意义、理论实质和实践要求讲清楚、讲透彻，从而促进"红船精神"在我国广大人民心中落地开花。

### 3. 志愿服务促进对"红船精神"的实践认同

实践是人们把握世界的基本方式，任何认识、理论最终都要落实到实践之中并为实践所检验。志愿服务是改造世界的重要实践手段，为广大人民提供了丰富的精神食粮。志愿服务的实践育人功能，可以有效促进广大人民群众对"红船精神"的实践认同。一方面，作为实践育人的重要载体，中国特色志愿服务组织广泛开展以践行社会主义核心价值观为主题的社会调查、志愿服务、公益活动等社会实践活动，这有利于促进广大志愿者正确的人生观、世界观、价值观的形成，对强化志愿者的开拓意识和克服困难的实践意识具有重要意义。另一方面，在志愿服务过程中，广大人民群众在促进情感认同、理论认同的基础上进一步促进实践认同，在改造客观世界的同时也改造主观世界，促进"红船精神"从理论到实践的升华，从而达到"红船精神""内化于心、外化于行"。

## （三）志愿服务激发"红船精神"的践行感

志愿服务通过志愿者亲身实践的方式将"红船精神"与具体实践有机融合，既弥合"理论"与"实践"的差距，又实现"理念"向"信念"的转化，创造性地把"红船精神"转化为中国人民的情感共鸣和自觉追求。

### 1. 志愿服务为弘扬"红船精神"提供践行平台

在我国志愿服务事业不断发展的新时代，志愿服务的管理体系日益完善，志愿服务与不同领域的协同日益成熟，志愿服务的社会动员功能日益强大，志愿服务的发展由内及外、自上而下地为弘扬"红船精神"提供了广阔的践行平台。第一，搭建服务管理平台，提供机制保障。截至当前，我国的志愿服务已形成较为完备的管理服务体系。在线上，依托中国志愿服务网、各地区志愿服务网、中国志愿服务联合会网、中国社区志愿服务网、中国青年志愿者网等管理志愿者、志愿团体、志愿项目、志愿社区；在线下，依托志愿服务中心、志愿服务站点、志愿服务基地等开展管理工作。通过不断健全注册登记、教育培训、备案公示、联系走访、网络宣传、评估考核、激励保障等制度，推动了志愿服务长效健康发展。这都为弘扬"红船精神"提供了很好的契机，使民众在参与志愿服务的过程中，通过参与、体验与感悟，增强对"红船精神"的认识、理解及认同感，增强进一步弘扬"红船精神"的使命感。第二，搭建合作联盟平台，提供外在支撑。志愿服务在不断发展的过程中，加大与不同领域的协同，项目涉及扶贫、济困、扶老、助学等领域，规模不断扩大，服务领域不断拓宽，服务范围更加广泛，服务项目更加多元化，实现了志愿服务的横向拓展和系统性、集成性提高，这些都为弘扬"红船精神"提供了强大的外在支撑。第三，搭建社会动员平台，奠定群众基础。志愿服务在开展过程中，充分依托村社区、学校、部队等社会力量，让不同职业、不同年龄的人都有机会参与志愿服务活动，从中加深对与"红船精神"一脉相承的志愿精神的认知；随着志愿者队伍的不断扩大、志愿服务组织的不断壮大，更多的人了解、学习和参与志愿服务，在志愿服务中实现自身价值，服务社会，进一步弘扬了"红船精神"的奉献精神。

**2. 志愿服务为弘扬"红船精神"提供多方资源**

我国志愿服务在实践中形成"志愿资源共享、志愿服务联动、志愿双向受益"模式，推动志愿服务实现质的提升。合理有效地整合区域资源，不仅可以激发志愿者的服务热情，保证志愿服务项目的有序进行，还为志愿服务提供强大的物质基础。第一，整合阵地资源，解决资源不足问题。志愿服务因其无营利性，可以整合学校、企业、社区、景区等阵地资源，能在最大范围内做好聚集资源工作。第二，提供服务资源，实现资源共享。通过引进外来组织、壮大区域内社会组织、孵化各类社会组织，提供更多满足群众需求的志愿服务，实现资源上的共享。第三，拓展人力资源，确保长效发展。学校、企业及专业志愿服务机构为志愿服务提供了大量的专业人才。

**3. 志愿服务为弘扬"红船精神"提供有效载体**

志愿服务以项目为依托，如下操作：通过逐渐成熟、定期开展、影响力深的志愿服务活动，推动弘扬"红船精神"常态化落实；通过党建引领、平台融合、多方联动、联盟自治等各具特色的运作模式，推动弘扬

"红船精神"形成有效机制；通过对志愿者进行培训、教育、引导、激励，让每一位志愿者都成为弘扬"红船精神"的代言人。第一，志愿服务项目推动弘扬"红船精神"常态化落实。志愿服务以项目化的方式向区域单位提供公益服务的"资源项目清单"和居民的"需求项目清单"，有效实现供需对接。新时代文明实践志愿服务更是把不断实现人民对美好生活的向往作为工作的出发点和立足点，围绕群众日常生活中的所需、所困、所急，推出更多受欢迎的志愿服务项目，增强精准性，提高吸引力，扩大参与度，还创新性地推进社会治理问题的解决，这不仅对实现国家治理体系和治理能力现代化具有重大意义，而且提升了人民的获得感和幸福感，践行了"红船精神"坚守以人民为中心的初心。第二，志愿服务运作模式推动弘扬"红船精神"形成有效机制。我国志愿服务从供需对接、注册认证、项目孵化、资源整合、能力建设、团队培育、指导监督、激励保障、文化建设等九大功能入手，形成了大批可复制、可推广的特色运作模式。如：充分发挥党的政治优势和组织优势，坚持党领导一切，以党建引领志愿服务；坚持把实体平台和网络平台相结合，不断扩大志愿服务的影响力和覆盖面；多方联动，促进志愿服务激励保障工作更加制度化、规范化、多元化、个性化。这些特色运作模式有效推动了志愿服务活动的开展和普及，为弘扬"红船精神"提供了可靠路径，形成了弘扬"红船精神"的有效机制。第三，志愿服务参与者成为弘扬"红船精神"的代言人。志愿服务的参与者遵循奉献、友爱、互助、进步的志愿精神，在不同岗位，承担不同职责，开展不同的志愿服务活动。他们的一言一行代表着志愿服务的发展水平和整体效果，志愿者的志愿行为正是人们认识志愿精神的途径。"红船精神"要深入人心，做到"内化于心、外化于行"，必须通过一定的实践。志愿服务正是以实践活动为载体，在人们完成志愿服务任务的同时，进一步实现对"红船精神"的弘扬。随着我国志愿服务的发展，一方面，志愿者为服务对象提供更为优质的服务，更深刻地理解志愿精神，进而践行"红船精神"的内核；另一方面，志愿者通过典型事迹，把"红船精神"和志愿精神传递给更多的人，成为弘扬"红船精神"的代言人。

# 三、"红船精神"为志愿服务提供精神力量

"红船精神"是志愿服务的思想文化源泉和重要载体。首创精神为志愿服务提供精神动力，奋斗精神为志愿服务注入生命活力，奉献精神为志愿服务展现价值张力。深化志愿服务是弘扬"红船精神"的本质要求，努力把志愿服务融入弘扬"红船精神"之中，更加丰富志愿服务的思想内涵，以提升开展志愿服务的思想层次，进一步为浙江省志愿服务事业提供精神力量。

## （一）首创精神为志愿服务提供精神动力

"红船精神"是中国共产党取得革命、建设和改革开放事业胜利的强大精神动力，也是在新时代进行伟大斗争、建设伟大工程、推进伟大事业、实现伟大梦想的强大精神动力。

开天辟地、敢为人先的首创精神是"红船精神"的灵魂，也是中国共产党取得伟大成就的关键"密码"，它既是革命精神开天辟地的起点，又贯穿于社会主义革命、改革和建设的全过程。中国共产党人以敢为天下先的谋略和胆识，打破陈规和教条的束缚，创造性地将马克思主义的基本原理与中国的具体国情相结合，领导中国人民推翻"三座大山"，成立了中华人民共和国，开辟了中国特色社会主义道路，形成了中国特色社会主义理论体系，确立了中国特色社会主义制度，探索和创造了现代化建设和发

展的"中国模式"，走出了一条前所未有的救国、富国和强国之路。

传承、弘扬首创精神，自觉发挥先锋模范作用，就是要敢闯敢为，冲破惯性思维，开辟新路。要在创新实践中坚持问题导向，在解决问题中加快创新步伐，以思想再解放、改革再突破、创新再提速，推动各项事业取得创造性成果。弘扬开天辟地、敢为人先的首创精神，会让志愿服务更具科学举措。

## （二）奋斗精神为志愿服务注入生命活力

"红船精神"的精神支柱是坚定理想、百折不挠的奋斗精神。中国民众艰苦卓绝地进行革命斗争、革命建设不是形而上学的逻辑推演和纯粹思辨，而是前仆后继、宁死不屈地不断打击侵略、反击掠夺、改变落后境况的实践过程。经历革命洗礼、艰苦创业磨难和跨越改革开放艰难险阻，实现中华民族伟大复兴的历史征程始终有"红船精神"伴随着。"红船精神"是激励中国共产党人不断奋斗，使中国共产党由小变大的精神力量。中国共产党经过长期的艰苦奋斗、浴血奋战建立了中华人民共和国，又经过70多年奋斗，建成中国特色社会主义。"红船精神"产生于党的实践，更指导了党的发展壮大，"不忘初心、牢记使命"正是让广大党员干部心中的"红船精神"激励他们继续为实现共产主义远大理想和中华民族伟大复兴而奋斗。

当前，各种新旧问题交替存在，诸多因素缠绕在一起，构成中国共产党不断发展壮大和顽强拼搏的逆境与阻力。这就要求中国共产党要立足新时代，不忘建党初心，使"红船精神"代代传承，并在传承弘扬中不断赋予其新的时代价值，引领中国人民在实现中华民族伟大梦想的航程上奋力前进。弘扬坚定理想、百折不挠的奋斗精神，会让志愿服务更加持久深入。

## （三）奉献精神为志愿服务展现价值张力

共产党人"没有任何同整个无产阶级的利益不同的利益"，马克思主义政党必须把最广大人民的利益和需要作为自己奋斗的基本遵循。"立党为公"彰显了党的成立不是为了少数个人的私利，而是代表最广泛的人民的利益；"忠诚为民"表达了共产党人把最大多数人的需要作为自己的价值目标。"立党为公、忠诚为民"的奉献精神是"红船精神"的本质，是早期革命者在建党实践中培育、形成的优良作风。"中国共产党载着红船的意愿，以立党为公、忠诚为民的奉献精神，努力维护好、实现好、发展好最广大人民的根本利益。"这种执着奉献的精神是人类创造性活动最有力的启迪力量。

在新进中央委员会的委员、候补委员学习贯彻党的十八大精神研讨班上，习近平总书记深刻指出："衡量一名共产党员、一名领导干部是否具有共产主义远大理想，是有客观标准的，那就要看他能否坚持全心全意为人民服务的根本宗旨，能否吃苦在前、享受在后，能否勤奋工作、廉洁奉公，能否为理想而奋不顾身去拼搏、去奋斗、去献出自己的全部精力乃至生命。"弘扬奉献精神，进一步实现志愿服务价值追求，做到习近平总书记在给中国志愿服务联合会第二届会员代表大会的贺信中提出的"立足新时代、展现新作为，弘扬奉献、友爱、互助、进步的志愿精神，继续以实际行动书写新时代的雷锋故事"。

# 第二节　志愿服务与中华传统文化

关于志愿服务，很多人认为最早源于西方，中国起步较晚，中国的志愿服务是借鉴西方志愿服务才得以不断拓展、发展的，"应当承认，西方发达国家的志愿组织管理、志愿服务实施都要比中国更为完善、更为成熟，而西方对志愿精神的培育和弘扬更是有许多值得我们借鉴和吸收的地方"①，但在中国，志愿服务能够生根发芽，被人们所接纳的根源正是长期影响中国的儒家、墨家、道家等的优秀传统文化，可以说中华优秀传统文化是志愿服务发展的文化源流。

## 一、儒家"仁爱"思想

中华传统文化的主体是儒家文化，中国社会的各项活动不可避免地蕴含着儒家文化的底色，中国人的性格也深受儒家文化影响。可见，现代志愿服务作为一项社会活动，志愿服务本身及参与志愿服务的志愿者，成了儒家传统文化在现代的价值外显。

### （一）儒家"仁爱"思想的内涵

儒家思想的核心是"仁爱"，其一直以来都代表着中华传统文化思

---

① 张洪彬：《思想政治教育中志愿精神问题研究》，人民出版社 2015 年版，第 52 页。

想的精髓，代表着中国传统道德体系的主流。"仁"在《说文解字》中的解释是"仁，亲也，从人，从二"；"亲也"即人与人之间"相亲相爱"的关系，这里从人的社会关系角度看包含两层意思：一是从人的血缘关系看，相亲相爱就是亲情之爱，爱父母、子女、兄弟姐妹；二是从人的地缘、业缘等关系看，相亲相爱就是大众之爱，爱邻里、乡亲、同事、同学等。一个人的社会关系中最基本也是最重要的关系是血缘关系，从其出生开始血缘关系就维系着人成为社会的人；地缘、业缘等关系是人在相互尊重的前提下成为社会的人、全面发展的人的前提。由此可见，亲情之爱是最基本、最重要的，是大众之爱的前提。仁爱使人能够从出生的孩童起就成为社会的人、全面发展的人，由爱自己、爱父母发展到发自内心地爱别人的过程。

## （二）孔子的"仁者爱人"

"仁"被孔子视为道德准则。"樊迟问仁。子曰：'爱人。'"① 孔子提出"仁爱"主张，他以"爱人"即爱他人，对他人要有关爱之心、帮助之心、同情之心来解释"仁"，即"仁者爱人"。孔子的"仁者爱人"包含以下四个方面的内容。

孝悌，是"仁者爱人"的基础。孔子提出"弟子，入则孝，出则悌，谨而信，泛爱众，而亲仁。行有余力，则以学文"②。"入则孝"指作为子女要孝顺父母，一个人如果连自己的父母都不能孝顺，谈何爱一直生活在自己身边的其他人；"出则悌"指外出要顺从兄长，一个人如果在外不能

---

① 孔子：《论语·颜渊》，北方文艺出版社 2019 年版，第 168 页。
② 孔子：《论语·学而》，北方文艺出版社 2019 年版，第 104 页。

与兄长和谐相处、顺从兄长，谈何爱其他人。父母、兄长是基于血缘而形成的社会关系，是一个人社会关系中最基础的人际关系。非爱己何以"泛爱众"，连父母、兄长都不爱谈何爱他人，为他人做一些力所能及的事。孔子提倡的孝悌是基于血缘而形成的社会关系，做到孝悌便可以形成人与人之间良好的社会关系，维护社会和谐和稳定。

爱人，是"仁者爱人"的核心，以血缘为纽带而形成的家族成员的爱为基础，但更重要的是对家族成员之外的其他社会成员之爱，故"爱人"是指爱社会所有成员、社会大众，从覆盖面的角度讲，其范围扩展到整个社会，也就是孔子提倡的"泛爱众"。孔子提出的"有教无类"，也就是无论什么人都应当受到教育，不应因贫富、智愚、善恶、残疾等把人分成三六九等而排斥他人受教育，这也是爱人的集中体现。

复礼，是"仁者爱人"的形式。"颜渊问仁。子曰：'克己复礼为仁。一日克己复礼，天下归仁焉。'"[1] "复礼"指一切按照礼的要求去做。孔子提出依礼而行，以礼来规定仁，同样要求"克己"，即约束自己，所以"复礼"是从外部规范来对个人加以影响、约束，这种规范就是道德规范、行为规范。可见，仁是礼的具体内容，礼是仁的外在表现形式。在孔子看来，礼的规范可以约束个人，通过约束个人达到仁的目标，故"克己复礼为仁"。

忠恕，是"仁者爱人"的方式。"忠"指尽心尽力、全心全意为人，"己欲立而立人，己欲达而达人"[2]，即自己想要把事情做好，也要帮助他人把事情做好，这是"忠"的最高境界，即尽心尽力、全心全意为他人

---

① 孔子：《论语·颜渊》，北方文艺出版社 2019 年版，第 157 页。
② 孔子：《论语·雍也》，北方文艺出版社 2019 年版，第 80 页。

谋幸福；"恕"即推己及人，但"己所不欲，勿施于人"①，即不应强求他人。孔子提倡的"忠恕"之道，强调的是人与人之间和谐相处的一种方式，即要"己之所欲"，对自己严格要求，这样才能"施之于人"，尽心尽力帮助他人。

## （三）孟子的"恻隐之心"

"恻隐之心"指看到别人遭受灾祸或不幸而产生同情心，是孟子核心思想的重要组成部分，他从性善论的角度赋予"仁者爱人"人性化特点。"所以谓人皆有不忍人之心者，今人乍见孺子将入于井，皆有怵惕恻隐之心……由是观之，无恻隐之心，非人也；无羞恶之心，非人也；无辞让之心，非人也；无是非之心，非人也。恻隐之心，仁之端也；羞恶之心，义之端也；辞让之心，礼之端也；是非之心，智之端也。人之有是四端也，犹其有四体也……凡有四端于我者，知皆扩而充之矣，若火之始然，泉之始达。苟能充之，足以保四海；苟不充之，不足以事父母。"②人看到孺子将要掉入井里会感到不安，产生同情心，这种不安和同情心在孟子看来是人与生俱来的一种反应，是发自内心对孺子入井遭遇产生的同情心，所以恻隐之心人人有之，没有同情心就不能真正算作一个人，人因心善而性善，人人都是向善的，故每个人都有爱人的本性。恻隐之心是仁的开端，在孟子看来仁和义、礼、智共同组成四端，四端似人之四肢，是一个人能够存在并且成为健全的人、完整的人的基本要求，这里的"仁"就是孟子

---

① 孔子：《论语·颜渊》，北方文艺出版社 2019 年版，第 158 页。
② 孟子：《孟子·公孙丑上》，北方文艺出版社 2019 年版，第 62 页。

提出的"老吾老，以及人之老；幼吾幼，以及人之幼"①。推己及人的仁爱，即一个人要发自内心去关心他人、关爱他人，在对他人的痛苦、遭遇表现出同情心的同时主动帮助他人，使他人早日脱离痛苦和不幸遭遇。孟子曰："人皆有不忍人之心。先王有不忍人之心，斯有不忍人之政矣。以不忍人之心，行不忍人之政，治天下可运之掌上。"②每个人都应有不忍人之心，一国之王更应有不忍人之心，因为国家的治理和社会稳定需要先王体恤百姓，这里的不忍人之心就是恻隐之心，孟子认为要发自内心的、不带有强制性的、设身处地地去关心百姓疾苦、帮助百姓脱困，方治天下可运之于掌上，使天下太平。

## 二、墨家"兼爱"思想

墨家"兼爱"思想产生于诸侯相争、社会动荡、战乱不断的社会背景，是墨子基于现实和社会问题，为挽救社会、百姓而提出的。当前中国特色社会主义进入新时代，实现中华民族伟大复兴是全体中华儿女的共同梦想，志愿服务可以动员广大志愿者参与新时代中国特色社会主义现代化建设，凝聚起全体人民为实现中华民族伟大复兴中国梦而奋斗的正能量。

### （一）墨家"兼爱"思想的内涵

"兼爱"是墨家的核心思想，"兼"是会意字，像一手抓着两把禾

---

① 孟子：《孟子·惠梁王上》，北方文艺出版社 2019 年版，第 14 页。
② 孟子：《孟子·公孙丑上》，北方文艺出版社 2019 年版，第 61、62 页。

苗,寓意一同、一并,后来引申为兼有、兼顾等意思。"兼爱"之"兼"在《说文解字》中解释为"并也",可见,"兼"即相从也,有平等的意思。"天下之人皆相爱"是兼爱社会生活的真实写照。墨子呼吁并提倡人与人之间应当是充满爱的,突出强调爱的重要性,爱是不分身份、等级、血缘的,这种"爱"是平等、尊重、互相之爱,以这种"爱"为当时救世之策;呼吁爱要讲求方式方法,即重于兼,强调的是怎样去爱,只有方式方法对了,懂得了怎样去爱,才能实现天下太平的目标,这种方式方法就是要学会爱人如爱己、爱无差等,爱人应利人利他。

## (二)墨子的"兼爱"

墨子为解决当时社会混乱的现状,达到"兴天下之利,除天下之害",使国家安定和谐,提出了"兼爱"以治社会和人际关系,"兼爱"是墨子思想的核心和根本观点。"视人之家若视其家,视人之身若视其身。"[1] 这是墨子"兼爱"思想的第一个方面,"兼爱"就是要爱人如己、爱天下如己,是一种大公无私、不分你我的道德境界,这是从道德层面讲的,目的在于让人们能内化其为自身要求。第二个方面就是要爱别人,只有爱别人了然后别人才会爱你,并且爱别人要如爱自己一样,这样才能真正达到"兼爱",这是从实践要求层面讲的,目的在于动员人们强化意识并以自身行为实现"兼爱"。第三个方面就是爱无差等,墨子主张仁人兼爱而无差等之分、无亲疏之别,他打破了一切由亲疏、贫富、高低贵贱等形成的血缘、命运论,反对礼、反对差别,提出天下之人皆相爱,强不欺弱、众不劫寡、富不侮贫、贵不傲贱、诈不欺愚,如此人与人之

---

① 梁奇:《墨子译注》,上海三联书店 2014 年版,第 105 页。

间、君臣之间、诸侯之间、父子之间、兄弟之间才可平等相爱，天下才可太平，人们才可和谐相处，这体现的是平等、进步的思想，是从思想层面加以解释的，目的在于让人们接受、认同何为"兼爱"。第四个方面就是对等互报，这是墨子认为实现"兼爱"的重要内容。"父自爱也，不爱子，故亏子而自利；兄自爱也，不爱弟，故亏弟而自利"[1]，说明一个家族要和谐就要从对等互报的角度出发，父子须相爱、兄弟须相爱；对于社会来说，不同家族地位、不同政治地位、不同社会地位的人也应对等互报，这才是实现"兼爱"的有效途径；同时要实现互报，兼爱应交利，爱要以利为基础，利要以爱为归宿，为此人们应从利害关系的角度考虑，从兼爱交利的准则出发，处理好人与人之间的关系，实现"爱""利"对等互报，使天下充满兼爱，这是从具体路径、方法方面讲的，目的在于告知人们如何去实施"兼爱"，使社会和谐稳定。

## 三、道家"泛爱"思想

道家"泛爱"思想吸收了诸子百家思想之精华，但相对儒墨而言其特征是消极出世。道家一方面主张"自然无为"，个人要无欲无为，强调的是一种无私无欲的"爱"、顺应个人内心的"爱"；另一方面主张个人自由的"爱"，强调个人内在的超越。道家主张的自然无为、个人自由对志愿服务的形成和发展，特别是志愿者志愿服务行为的产生和持续性发展有着深刻的影响。

---

[1]梁奇：《墨子译注》，上海三联书店2014年版，第99页。

## (一)道家"泛爱"思想的内涵

道家的"道"即为"得道",就是"德",晓以事理的意思。《道德经》中提到"上善若水,水善利万物而不争",即上善之人应像水一样,水能滋养万物,造福百姓,但不与万物争高下。这是一种平和的、谦让的品德;是道家在处理人际关系时所推崇的"上德之大爱",表明人与人之间相处时是内心自然的、平和的,秉持无欲无求之道;是"无爱之爱",提倡人们积德、行善、谦让。在处理人与自然的关系时,老子推崇"道法自然",提倡顺应自然、关爱自然;庄子推崇"泛爱万物,天地一体也"[①]。从处理人际关系、对待自然的角度看,道家的"泛爱"就是要求顺应个人内心、他人和自然。

## (二)老子的"道法自然"

"道法自然"是老子思想的核心观点。老子在《道德经》开篇就提出"道"的观点:"道可道,非常道。名可名,非常名。"所谓"道"即事物之道,可以用语言来表达的就不是真正的道,意思也就是不可用语言表达的才是形而上之道。《易经·系辞》中有"形而上者谓之道,形而下者谓之器",阐述了"道"是世间存在的终极,也是认知世间万物本源性的思考。老子认为:"道生一,一生二,二生三,三生万物。"[②]即世间万物皆由道创生而来,没有任何神力作用,道是自因、自成、自化,是以"自然"的方式创生、变化、发展。这里的"自然",一是作为"自

---

① 庄子:《庄子·天下》,花城出版社 2018 年版,第 414 页。
② 老子:《道德经》,沈阳出版社 2017 年版,第 165 页。

因"，是指道不把他物作为因，是以自己为因；二是作为"自成"，是指道把自因当作生成万物的根本；三是作为"自化"，是指道存在于万物之中，和世间万物一起生成变化，所以"道生万物"能自成、自化的根本原因均在于自因。

道以自然创生万物，万物生生不息遵道而生，所以万物之道是以自然为法。老子也把万物之"道"称为"天道"，老子曰："天之道，损有余而补不足。人之道，则不然，损不足以奉有余。"[1]大自然的规律是减少多余的，补齐不足的，而人类社会规律恰恰相反，要减少贫穷不足的，把富贵有余的奉献出来。奉献富贵有余的是哪些人呢？老子认为是有道之人，即"有为而累者，人道也"[2]。天道以自然无为为事，人道以顺欲有为为事，忙而劳累。在老子看来，天道是以"无为而无不为"的方式自然而然地实现对万物的主宰，而人则应体悟天道主宰自己的命运。那么该怎样去体悟天道并自我主宰？在于"得"。"德者，得也。得其道于心而不失之谓也"[3]。德是受于道而自己心里有所得，德是道基于人的外在表现，这时的道成了人化的道，为人道。由此，老子的"道法自然"自然而然地延伸到了关于人类的哲学思考方面，正如老子曰："天下有道，却走马以粪；天下无道，戎马生于郊。"[4]有道，百姓生活和谐幸福，战马只能用于耕种；无道，天下战乱不断，怀胎的母马也要上战场，马驹子生在战场。人道以人之本性求发展，可使人类充满活力、和谐健康发展。

① 老子：《道德经》，沈阳出版社 2017 年版，第 293 页。
② 庄子：《庄子·在宥》，花城出版社 2018 年版，第 129 页。
③ 朱熹：《四书集注》，凤凰出版社 2008 年版，第 90 页。
④ 庄周：《庄子》，陕西师范大学出版社 2010 年版，第 160 页。

# 四、志愿服务汲取中华传统文化精髓

虽说志愿服务在中国起步较晚，但随着参与志愿服务的志愿者、志愿组织数量的壮大，志愿服务活动及其社会影响力得到了进一步提升，集中体现为志愿者、志愿组织思想品质的提升，"互助、进步、奉献、友爱"的志愿精神得到了广泛认同，这不仅是因为志愿服务所体现出来的志愿精神与中华民族长期发展中形成的中华传统文化有着密切联系，而且是因为志愿精神和中华传统文化精髓相契合，汲取了中华传统文化精髓。

## （一）志愿精神的"奉献"汲取中华传统文化奉献自我的精髓

志愿服务所体现的奉献精神是指志愿者满怀感情地为他人服务、为社会做贡献，是不计个人回报的一种无偿服务他人的精神，是志愿服务的核心。社会的发展、经济的快速增长使个体更加关注自身利益、实现自我发展，人与人之间如果只顾自身利益、个人发展而忽视身边的人、事、物，不仅会造成关系的淡化，也不会真正成就一番事业，更有可能会对周边人、事、物造成不可逆的损失。奉献精神使志愿者在发自内心不计较个人经济报酬、不追求个人名誉、不使用个人特权的情况下自觉、自愿参与推动人类文明发展进程的活动。

《周易·系辞》记载："神农氏作，斫木为耜，揉木为耒，耒耨之利，以教天下。"为了解除人民疾苦，炎帝神农氏费尽心思，有"日遇七十毒""百死百生"之说，可见上古时期人们就已经有了无私奉献的美德。从《周易》记载炎帝神农氏费尽心思，有"日遇七十毒""百死百生"之说，到儒家的"仁者爱人""推己及人""泛爱众"，墨家的"兼爱"，道家的"上善若水，水善利万物而不争"，都真实地反映了中华传统文化以奉献自我表达对他人关爱的理念和行动，志愿服务所体现的奉献精神正是汲取了奉献自我的传统文化精髓。

## （二）志愿精神的"友爱"汲取中华传统文化爱的精髓

志愿服务所体现的友爱精神是指人们相互理解信任、相互支持帮助，以及志趣相近的双方或多方人员，在活动过程中自然而然流露出来的亲切情感，其是志愿服务的基础。志愿服务提倡志愿者与志愿者、志愿者与服务对象之间应是互为欣赏、与人为善的关系，志愿者的友爱应让人们感到温暖、心情愉悦；服务对象的友爱应让志愿者感到虽付出辛苦但收获了快乐，心理得到满足和享受。在经济社会的发展过程中必然存在制度设计中无暇顾及的领域，这就需要公众参与更多公益活动来填补制度设计的空白，要参与公益活动必然要有强烈的社会责任意识，然而作为意识特别是责任意识不存在强迫性，是公众个体对此深刻理解和积极认同后自觉做出的决定，可见其带有道德的自律性，在实际行动中就是互帮互助的友爱行动。人们之间的友爱之情构建起了一个和谐融洽的人际关系环境，使整个社会充满温暖。

无论是孔孟的"仁"，如"己欲立而立人""己欲达而达人""推己及人"，还是墨子的"爱"，如"兼爱非攻""交相利"，以及西汉《淮南子》的"和与养德"伦理思想、王夫之的仁人仁天论、《太平经》的"友爱互助"、董仲舒的"教之然后善"，抑或韩愈的"博爱"和张载的"民胞物与"等，其伦理思想就是对传统美德的遵守、对人性的关怀、对美满和谐生活的向往，是一种充满博大情怀的爱，其所表达的情感、伦理道德和友爱精神是相同的，志愿服务所体现的友爱精神正是汲取了这样的传统文化精髓。

## （三）志愿精神的"互助"汲取中华传统文化团结互助的精髓

志愿服务所体现的互助精神是指彼此帮助、共同合作的一种精神，是志愿服务的本意所在。互助要达到的效果是"互相帮助、助人自助"。志愿者以自己的体力、智力、爱心服务他人、服务社会，使他人和社会克服困难、解决问题、改变现实状况，使自己能力提升，获得全面发展；服务对象在得到志愿者受助后获得生活、工作改善的同时，自身也会自觉地关心、帮助他人和服务社会。互助体现了志愿者、服务对象双方之间的一种互动关系、互利关系、互爱关系。所以人类社会应当是全体社会成员基于内心自觉、内心的爱、内心感激、相互友谊和相互尊重互相帮助的社会，这样的社会一定是快乐幸福、团结一致的和谐社会。

中华传统文化思想特别是儒家思想对人的本质的理解不是基于单个个体、孤立的角度入手，而是基于人际关系角度去阐述，强调人的本质规定为道德性，即把人放在具有"仁爱"的人际关系中去理解人的本质，因此"仁爱"体现的是自己与他人、个人与集体的"互爱"关系。以墨子为代表的墨家的"兼爱"及"兼相爱"，认为天下之大事不应存纷争，而应视人如己，互相帮助，不但利他，而且利己。孟子的"老吾老以及人之老，幼吾幼以及人之幼"，以及《诗经》中的"投我以桃，报之以李"，都反映了中华传统文化中相互帮助、团结互助的社会风尚。志愿服务所体现的互助精神正是汲取了相互帮助、团结互助的传统文化精髓。

## （四）志愿精神的"进步"汲取中华传统文化进步成分的精髓

志愿服务所体现的进步精神是志愿服务追求的目标，包含两方面内容：一是社会层面，通过志愿服务弥补政府或市场失灵，从而减少不同社会成员、社会群体、社会阶层之间的问题与矛盾，促进相互之间的沟通和了解，防止出现更深层次的分化，维护社会稳定，促进社会文明进步；二是个体层面，志愿者基于利他精神，以个人专业知识、道德规范、体力和能力开展志愿服务活动，不仅为他人、社会解忧困，也使自己的精神境界、公民意识、责任意识和各方面能力得到有效提升，促进个体的全面进步和发展。

中华传统文化源远流长，即使受历史环境和社会影响，其思想内涵对当时乃至现在均有深远的影响，这就是传统文化的进步思想的作用。无论是先秦儒家的"民本"思想、孔子主张的"君子喻于义，小人喻于利"、荀子的"义胜利者为治世，利克义者为乱世"等义利观，还是老子的"为学日益"、墨子的"兼爱""非攻""尚贤""尚同""尊天""事鬼""非乐""非命""节用"和"节葬"等主张，甚至是《封神演义》中的"民知有忠孝节义"，虽存历史局限性，但这些传统文化中的进步成分都对当时社会的稳定、进步和人类自身认识上的进步具有重要意义，志愿服务所体现的进步精神正是汲取了传统文化进步成分的精髓。

# 第三节  志愿服务的时代价值

志愿服务所体现出来的志愿精神从本质上说虽然汲取了中华传统文化的精髓，与中华传统文化精髓有着高度的契合性，但志愿服务真正产生、被接受、发展则是在中华人民共和国成立之后。伴随着中华传统文化的影响，志愿服务被人们广泛认同，随着中国特色社会主义事业的深入推进，特别是改革开放后，以践行"奉献、友爱、互助、进步"的志愿精神为主要内容的志愿服务深入发展，对整个社会进步和发展都产生了十分重要的正向影响作用。志愿服务所蕴含的当代价值，其实质就是秉承"奉献、友爱、互助、进步"的志愿精神，以实现人类对自我价值、社会价值的追求。因此，我们更应以实现中华民族伟大复兴的中国梦为目标，以培育和践行社会主义核心价值观为引领，以助力国家治理体系建设为发展空间，推动志愿服务向高站位、高质量发展。

# 一、有助于推进实现"中国梦"

实现中华民族伟大复兴的中国梦是近代以来中华民族孜孜以求的最伟大梦想，不仅是中国共产党的初心和使命，也是每一位中华儿女应当承担的责任和使命。我们现在比历史上任何时期都更接近、更有信心和能力实现中华民族伟大复兴的中国梦，但中国梦并不是轻轻松松、敲锣打鼓就能实现的，需要我们付出更艰巨、更艰苦的努力。在志愿服务过程中，无论是处于顺境还是逆境，无论是小事还是大事，无论是快乐还是烦恼，我们更应坚定理想信念、增强使命担当，团结全国人民凝聚起共同社会意识，乐于奉献自我，敢于面对挫折，勇于付出牺牲，攻克一个又一个难关，共同助力实现中华民族伟大复兴的中国梦。

## （一）坚定理想信念，为实现"中国梦"提供精神动力

习近平总书记指出，"理想信念就是共产党人精神上的'钙'，

没有理想信念，理想信念不坚定，精神上就会'缺钙'，就会得'软骨病'"①，强调了理想信念可以转化为服务社会的实际行动，是中国特色社会主义建设的强大精神支柱。从志愿服务的主体和客体来看，志愿服务是理想信念的外化形式，而作为内化于心的理想信念可以分为个人理想和社会理想。中国梦不仅是中华民族的集体社会理想，也是每一位中华儿女的个人理想，是社会理想和个人理想的统一。自古以来人民群众是社会的主体，是社会的创造者、历史的创造者，中国梦需要靠人民群众的力量才能实现，志愿服务作为社会主义事业的重要组成部分，只有坚定理想信念，才能为实现中国梦提供精神动力。

个人参与志愿服务是在实践中接受思想洗礼，是怀着无私奉献的理想自愿从事服务活动，其出发点在于能为社会做点什么，而不在于在活动中向社会索取什么。参与志愿服务可以实现个体对个人成长、国家发展、社会建设的重新认识，可以实现个人奉献自己、服务社会的意愿，可以成为弘扬爱国主义、集体主义的有效途径，如志愿者在国家发生新冠疫情、汶川地震等重大灾害，举办上海世博会、北京奥运会等重大活动时挺身而出，以主人翁的姿态团结一切可以团结的力量，唱响了时代主旋律。同时，在志愿服务中志愿者通过亲身体验，切实感受到了社会主义制度的优越性、党的坚强领导和国家的日益强盛，坚定了中国特色社会主义道路自信、理论自信、制度自信、文化自信。这种自信同样反过来影响着他人、影响着社会，从而形成全社会对中国梦的价值认同，形成推动实现中国梦的强大精神动力。

社会通过志愿者的志愿服务在相应领域呈现出新活力，因此社会重新

---

① 习近平：《紧紧围绕坚持和发展中国特色社会主义 学习宣传贯彻党的十八大精神》，《人民日报》2012 年 11 月 19 日，第 1 版。

审视志愿服务对经济社会建设和发展的作用，重新认识到有些领域可以由社会公益组织运行，并且同样可以取得较好的效果，这弥补了政府无暇顾及领域的缺位。因此，志愿服务完全可以服务于"四个全面"战略布局，在这一战略布局中寻求服务的战略方向、重点领域、主攻目标，为推进"四个全面"、实现"五位一体"贡献力量，从而为推动实现中国梦提供精神动力。

## （二）增强使命担当，为实现"中国梦"汇聚社会力量

习近平总书记在党的十九大和二十大报告中均寄语青年："青年兴则国家兴，青年强则国家强。青年一代有理想、有本领、有担当，国家就有前途，民族就有希望。""广大青年要坚定不移听党话、跟党走，怀抱梦想又脚踏实地，敢想敢为又善作善成，立志做有理想、敢担当、能吃苦、肯奋斗的新时代好青年，让青春在全面建设社会主义现代化国家的火热实践中绽放绚丽之花。"时代在呼唤使命担当，历史发展和社会进步需要我们牢记使命、担当有为，只有每个人都有使命担当意识，民族才会有希望，中华民族伟大复兴的中国梦才会成为现实。

为中国人民谋幸福、为中华民族谋复兴是中国共产党人的初心和使命，同样也是中华民族和中华儿女的初心和使命，彰显了甘于奉献、勇于担当的精神境界。志愿服务正体现了个人的使命感和勇于担当精神，是个人自觉自愿为他人、为社会服务，共同建设美好生活的实践活动，是衡量社会文明的重要指标。勇于担当应是志愿者的重要精神品质，作为社会的人都应承担一定的使命，对国家、社会、单位、家族应有一份担当，否则人永远是自然的人而不是社会的人，永远只能看到自己而看不到他人，只能生活在自我的世界里，而不能活得更精彩。对于处在中华民族伟大复兴时期的青年来说，使命担当也是当代青年集体精神的集中体现。实现中国

梦需要有志愿服务形成和发展的强大内在驱动力，目前我们虽然全面建成小康社会，但仍有许多社会问题需要解决、弱势群体需要帮助，更高质量的全面小康社会呼唤人们更多地给予支持、更多地关注他人境遇，这就需要人们增强使命担当意识，为实现更高质量的全面小康社会，实现中华民族伟大复兴的中国梦汇聚强大社会力量。

## （三）凝聚社会共识，为实现"中国梦"引领道德风尚

习近平总书记在十二届全国人大一次会议上指出："中国梦归根到底是人民的梦，必须紧紧依靠人民来实现，必须不断为人民造福。"[1] 习近平总书记告诉我们，国家、民族的前途和命运必须转化为全社会共识，与每个人的前途命运紧密相连，这样才能实现中国梦，才能不断造福人民，满足人民对美好生活的向往。

社会共识是社会全体成员在实践过程中"对社会生活中事实、价值、观念、规则、利益等所达成的共同性认识，或者对歧见或冲突进行协调后所达成的一致看法或实现的平衡状态"[2]。志愿服务让社会个体、社会团体以主体的姿态，以自治、自愿的方式，参与社会管理，参与社会矛盾和问题的解决，这不仅维护了政府公共权力的广泛性，而且证明了自身是社会管理的一个重要组成部分，"有时间做志愿者，有困难找志愿者"正成为全体公民的共识，也正成为越来越多公民生活的新理念、新方式、新风尚。中国梦的实现不仅是中国共产党人的初心和使命，也是中国共产党人

---

[1]习近平：《在第十二届全国人民代表大会第一次会议上的讲话》，《人民日报》2013年3月18日，第1版。
[2]朱玲琳：《社会共识论》，华中科技大学2016年博士论文，第5页。

的共识，在坚持和发展什么样的中国特色社会主义、怎样坚持和发展中国特色社会主义上每一位公民都有参与的权利，在全面建成小康社会后继续把中国特色社会主义事业推向前进中，每一位公民都应承担相应义务，而志愿服务的形式正是社会公众主动参与社会活动，行使自己权利的载体，广泛推广志愿服务在全社会营造了一种良好道德风尚，为实现中国梦提供了道德支撑。

## 二、有益于培育和践行社会主义核心价值观

党的十八大报告强调指出："倡导富强、民主、文明、和谐，倡导自由、平等、公正、法治，倡导爱国、敬业、诚信、友善，积极培育和践行社会主义核心价值观。"明确了社会主义核心价值观的具体内容。核心价值观是一个民族、一个国家、全体人民的共同精神追求，是社会评判是非好坏的一个价值尺度，也是推动一个民族、一个国家进步、发展和壮大的最持久、最深层的力量。培育和践行社会主义核心价值观关系到全社会广泛的价值共识和共同的价值追求，更关系到中华民族的伟大复兴。千百年来，中华民族经历了无数的曲折、磨难，没有被西方列强打垮、没有被自己打败，依然能够立于世界之林的很重要的一个原因就是我们有着牢不可摧的核心价值观。志愿服务是推进和践行社会主义核心价值观的有效载体之一，志愿服务中所体现的价值观是社会主义核心价值观在志愿服务活动中呈现的价值目标、价值行为、价值准则；志愿者在为社会、他人奉献的过程中提高了精神境界、追求，个人综合素质得到提升，培育了社会文明风尚，使社会更加和谐有序，践行了社会主义核心价值观，使国家软实力更具竞争力，同时也丰富了社会主义核心价值观的价值理念。

## （一）国家软实力的提升

国家软实力中最具竞争力的是文化软实力，它是当今国际竞争中最深层次的要素。习近平总书记指出："文化软实力的灵魂是什么？文化软实力建设的重点是什么？就是核心价值观，这是决定文化性质和方向的最深层次要素。一个国家的文化软实力，从根本上说，取决于核心价值观的生命力、凝聚力、感召力。"[①]可见，价值观的影响力之于文化影响力的重要性，世界上各国实力的竞争，其实质是价值观起作用，是核心价值观之间的竞争。

培育和践行社会主义核心价值观就是要做到内化于心、外化于行。那内化于心的是什么？就是根植于每个人心中的价值观；外化于行怎么做？就是要鼓励、动员人们真心地、自觉自愿地进行志愿服务，在服务他人、社会的同时不仅折射出志愿者的价值取向，也能树牢志愿者的价值观，所以志愿服务就是以价值观为指引的实际行动，是理论与实践、"知行合一"的生动实践，从这个角度讲志愿服务传承了社会主义核心价值观。

社会主义核心价值观倡导的"富强、民主、文明、和谐"，为中国特色社会主义建设指明了前进方向和奋斗目标，有了目标的指引人民就能形成强大合力，发挥出每个人的价值，为提升文化软实力奠定基础。社会主义核心价值观倡导的"自由、平等、公正、法治"是社会层面的表述，中华民族上下五千年，自由、平等是全体中华儿女的追求，在这一价值理念的引领下我们经历了由强到弱、由弱到强，我们现在比任何时候都更接近中华民族伟大复兴的目标，这一目标不仅鼓舞人们努力奋斗以创造美好生活，还为提升文化软实力提供了社会动力。社会主义核心价值观倡导的

---

[①] 习近平：《习近平谈治国理政》，外文出版社 2014 年版，第 163 页。

"爱国、敬业、诚信、友善"是公民的行为准则，为每个人社会生活的行为规范和道德标准，与中华传统文化中相应"德"的伦理思想相通，它不仅是个人的道德标准和规范，也是社会的美德，为提升文化软实力提出了个体规范要求。社会主义核心价值观起到了引领文化软实力提升的作用，而志愿服务又传承了社会主义核心价值观，可见志愿服务有利于国家软实力的提升。

## （二）社会的和谐、稳定

党的十六届六中全会明确提出构建社会主义和谐社会，其基本特征是民主法治、公平正义、诚信友爱、充满活力、安定有序、人与自然和谐相处。从基本特征之间的关系来看，和谐社会主要涉及人与人之间的关系和谐、人与社会之间的关系和谐、人与自然之间的关系和谐，其中最主要的是人与人之间的关系和谐，因为社会是由人组成的，社会是人的社会。从发展的角度看，矛盾是推动事物发展的动力，同时处理好各种各样的社会矛盾有利于推动发展，促进社会稳定。在实现中华民族伟大复兴的道路上我们将会遇到各种各样的问题，涉及经济、政治、文化、社会、生态文明等众多领域，同时社会矛盾凸显、社会差距扩大、价值观多元化、生态环境脆弱等不和谐的因素增多，急需我们调整、化解。

志愿服务是以奉献社会、服务他人为宗旨的活动，它充分调动社会资源和力量，在社区管理、社会服务、公益项目、大型活动、弱势群体帮扶等领域发挥着重要作用，在化解社会矛盾、缩小社会差距、弘扬社会主义核心价值观、保护生态环境等方面有重要的补充作用，有利于社会稳定，促进社会和谐发展。同时，志愿服务为不同阶层、不同群体、不同个人建立起了相互学习、相互合作的平台，而且在平台中为志愿者提供了社会化参与、组织化参与等多种参与形式，帮助志愿者完成志愿服务项目。通过志愿服务项目，项目成员之间形成了相互关爱、相互帮助、彼此信任的关系，建立起了良好的社会关系，这也是衡量社会和谐程度的重要标志。

## （三）个人价值的实现

马克思关于人的最高价值目标追求就是实现人的自由而全面的发展。《共产党宣言》中马克思、恩格斯认为，"代替那存在着阶级和阶级对立的资产阶级旧社会的，将是这样一个联合体，在那里，每个人的自由发展是一切人的自由发展的条件"。也就是说，人想要自由发展，首先应改变存在阶级和阶级对立的资产阶级旧社会，摆脱被压迫、被剥削的状态。社会主义是建立在公有制基础上的，其改变了被压迫、被剥削的社会，实现了人与人真正意义上的平等。社会主义核心价值观满足了人们自由、全面发展的利益诉求，"富强、民主、文明、和谐"为满足人们自由、全面发展的利益诉求提供了基本条件，"自由、平等、公正、法治"为满足人们自由、全面发展的利益诉求提供了外界保障，"爱国、敬业、诚信、友善"为满足人们自由、全面发展的利益诉求提供了个人实现标准。

志愿服务过程中涉及个人与他人、个人与自然、个人与社会的种种关系，在这些关系中人是志愿服务的主体和核心：一方面，作为志愿者，参与志愿服务、履行志愿者职责完全是自觉自愿的，自觉是内心按照自己所需自由去选择，自愿是不带有强制性，"哪里需要往哪搬"，志愿者自由生存的能力极强；另一方面，志愿服务活动既是服务他人的"助人"活动，也是实现自我价值的"自助"活动，即既帮助了他人和社会，同时自己内心的精神世界也得到了满足和充实，价值观也得到了提升。按照马斯洛的需要层次理论来说明志愿服务与个人价值实现之间的关系，即志愿服务属于高层次的发展需要，属于自我实现的需要，是个体发挥自身潜能、不断实现发展的需要，完全是个体出于实现自我价值的内在意愿所采取的行动，是个人自我价值实现的推进器。

## 三、有益于推进社会治理

党的十八届三中全会通过的《中共中央关于全面深化改革若干重大问题的决定》首次提出了社会治理概念，党的十九届四中全会通过的《中共中央关于坚持和完善中国特色社会主义制度　推进国家治理体系和治理能力现代化若干重大问题的决定》明确提出"社会治理是国家治理的重要方面，必须加强和创新社会治理，完善党委领导、政府负责、民主协商、社会协同、公众参与、法治保障、科技支撑的社会治理体系，建设人人有责、人人尽责、人人享有的社会治理共同体，确保人民安居乐业、社会安定有序，建设更高水平的平安中国"[1]。社会治理与社会管理意思相近，"是党委、政府以及其他社会主体运用法律、法规、政策、道德、价值观等社会规范体系，直接或间接地对社会领域各方面、各环节进行服务、协调、组织、监控的过程和活动"[2]。志愿服务作为社会治理的有机组成部分，近年来已成为创新社会治理体制的一项重要工作，志愿服务的不断发展反过来在意识形态、治理领域、社会主体方面推动共建共治共享的社会治理格局逐步完善。

---

[1]《中共中央关于坚持和完善中国特色社会主义制度　推进国家治理体系和治理能力现代化若干重大问题的决定》，《人民日报》2019年11月6日，第1版。
[2] 龚维斌：《中国社会治理研究》，社会科学文献出版社2014年版，第56页。

## （一）有益于主流意识统一，为推进社会治理提供思想基础

意识是人脑对客观实际的反映，意识形态是人对事物的理解、认知，它是一种对事物的感观思想，它是观念、观点、概念、思想、价值观等要素的总和。从意识形态对社会影响的深度和广度上看，意识形态分为主流意识形态和非主流意识形态，意识形态要发挥能动性作用最主要的形式是实践，因为实践是联结主观认识与客观实际的纽带，志愿服务就是人类个体和集体的实践活动，是人类主流意识形态在现实中被物化的形式。

志愿服务是体现正能量的社会实践活动。从个体的角度看，志愿者传承了中华传统文化精髓，真正践行了"为人民服务""爱国主义"思想，践行了"社会主义核心价值观"等主流意识形态；从集体的角度看，志愿服务已经让全体社会成员认同了遵循无偿性、公益性等主流意识形态，正如《志愿服务条例》中要求的"开展志愿服务，应当遵循自愿、无偿、平等、诚信、合法的原则，不得违背社会公德、损害社会公共利益和他人合法权益，不得危害国家安全"。十九大报告也提出"推进诚信建设和志愿服务制度化，强化社会责任意识、规则意识、奉献意识"的新时代要求。

参与社会治理的主体和客体是广泛的，并且都有具体的价值标准和追求，这价值标准和追求应能够满足全体社会成员的共同价值诉求，能够被认同和接受，能够坚持国家治理总体目标价值导向，且应当是具体的标准和原则。志愿服务中所体现出来的主流意识形态就是全社会具体的价值标准和追求，它激发人们自愿、无偿、平等、诚信、合法地服务他人、集体、社会，为推进社会治理提供思想基础。

## （二）有益于领域覆盖，为推进社会治理提供社会基础

社会治理涉及党的领导、政治、经济、文化、社会、生态文明、军事、外事等各个方面，志愿服务覆盖的范围也非常广泛，涉及社会、教育、文化、经济、环境等各个方面，与"五位一体"总体布局具有一致性。根据中国志愿服务网，志愿者主要包括社区志愿者、青年志愿者、文明志愿者、文化志愿者、医疗志愿者、教育志愿者、助残志愿者、巾帼志愿者和消防志愿者，志愿者与志愿服务领域能够构成相互对应的关系，社会领域的可以对应社区志愿者、青年志愿者、文明志愿者、医疗志愿者、巾帼志愿者、助残志愿者、消防志愿者，教育领域的可以对应青年志愿者、教育志愿者，文化领域的可以对应文化志愿者，经济领域的可以对应青年志愿者、巾帼志愿者，生态环境领域的可以对应文明志愿者、青年志愿者；而且这些志愿者如开展活动可直接与国家相关职能服务领域部门对接，社区志愿者可对接宣传部门、民政部门，青年志愿者可对接团组织，文明志愿者可对接宣传部门、文明办，医疗志愿者可对接卫健部门，巾帼志愿者可对接妇联，助残志愿者可对接残联，消防志愿者可对接公安部门、消防部门，等等。中国志愿服务网同时显示，至2021年5月底，全国实名注册志愿者总数达2.06亿人（相当于每7个人当中就有1个人是志愿者），志愿团体有99万个，已完成志愿项目共计572万项，记录志愿服务时间总数为27.74亿小时。

社会治理在于"坚持和完善共建共治共享的社会治理制度，保持社会稳定、维护国家安全"[①]。共建是政府购买服务、运用激励补偿机制鼓励社会组织等参与共同建设，完善教育、医疗、卫生、就业、社会服务部

---

[①]《中共中央关于坚持和完善中国特色社会主义制度 推进国家治理体系和治理能力现代化若干重大问题的决定》，《人民日报》2019年11月6日，第1版。

门建设；共治是动员全社会人人参与、人人尽责，形成自我管理、自我服务、自我教育、自我监督的良好社会局面；共享是切实维护和保障全体人民群众的切身利益，建立覆盖城乡的服务体系，让全体人民群众有获得感、幸福感、安全感，共建共治共享覆盖全体人民群众。

志愿服务虽然没有真正意义上完全覆盖社会治理领域，但在共建共治共享的社会治理中，志愿服务可以说是覆盖了社会治理领域的许多子领域，同时覆盖了城乡，为全面推进社会治理提供了一定的社会基础。

## （三）有益于主体协同，为推进社会治理提供组织基础

协同的目的是追求效果的最大化、最优化，即"注重充分发挥各协同部分的优势，实现优势互补，达到单个部分无法实现的效果，实现整体效能最大化"[1]。从协同的内容看，国内主要有文化、思想、组织领域的协同。

志愿服务中的主体是志愿者个体和社会组织。志愿者参与志愿服务的实际出发点是奉献自己、幸福他人，这个过程让志愿者获得了尊重、实现了自我满足感，会让志愿者摒弃自身身份、职位、性别、学历、经济等优势，不在乎服务对象和项目的现实状况持续性地参与服务，直至项目结束。志愿者之间也因为相同的价值追求或理想追求而形成一个团结、向上的群体继续参与社会治理，所以相同的价值追求或理想追求是志愿者协同的基础。近年来，社会组织进一步推动了志愿服务的持续化开展，"由于社会组织的发展目标与志愿服务具有较高一致性，社会组织开展志愿服务是应然之路"[2]。

---

[1]赫尔曼·哈肯:《协同学——大自然构成的奥秘》,上海译文出版社2005年版,第186页。
[2]陶倩等:《新时代中国特色志愿服务发展研究》,社会科学文献出版社2018年版,第236页。

社会组织借助其自身的优势，在坚持非营利的原则下承接了众多公益项目，也动员起一部分志愿者参与到相应的公益项目中。

社会治理的协同强调在社会治理过程中"应注重协同作用的发挥，参与主体要多元化，政府、社会、人民之间要多层级互动"①。因此，关键是协同主体需要多元化，这个多元主体包括党政机关、非政府组织、企业、社会组织和公民等，同时要调动社会主体参与社会事务的积极性、主动性、创造性，参与到社会矛盾、社会问题的治理中，化解社会问题，实现社会和谐。

志愿服务主体与社会治理协同的多元主体即社会组织、公民是相同对象，为推进社会治理、解决政府失灵和市场失灵带来的社会发展问题提供了组织基础。


# 四、有助于秉持"浙江精神"

2005年1月，时任浙江省委书记的习近平同志做出"关于深入研究浙江现象、充实完善浙江经验、丰富发展浙江精神"和"浙江精神的调研应从浙江文化的历史传承、社会精神文明、文化综合实力的作用等诸角度进行"的批示，亲自确定"与时俱进的浙江精神"的研究方向和基本框架。2006年在充分调研、广泛讨论、总结、提炼的基础上，习近平同志亲自将"浙江精神"界定为"求真务实、诚信和谐、开放图强"十二个字。"浙江精神"是被全省人民认同的，并能转化为激励人们、感召人们、催人奋进的群体性意

---

①王洋洋：《我国社会治理协同机制建设研究》，郑州大学2016年硕士论文，第21页。

识、精神状态。"浙江精神"是坚持马克思主义的立场、观点和方法的，马克思主义中国化的具体实践——志愿服务又实现了对马克思主义及其中国化理论的传播；同时，作为志愿服务，应扎根中华大地，践行"中国化"发展方向，彰显奋斗、创新、奉献、务实的内在价值理性。

## （一）磨砺奋斗意志

"浙江精神"作为中华民族精神的重要组成部分，"是浙江人民在千百年来的奋斗发展中孕育出来的宝贵财富"[①]。奋斗是"浙江精神"的重要内涵，就是奋发图强、勇于拼搏。为解决人多地少、资源贫乏、自然灾害频发等现实问题，浙江人民奋斗热情高涨，无论前进的道路上遇到什么困难、矛盾、问题，始终保持高涨的热情，这种奋斗的精神支撑着浙江人民追求理想、追求富裕。改革开放初期的"历经千辛万苦、说尽千言万语、走遍千山万水、想尽千方百计"的"四千精神"就是浙江人民奋斗精神的生动写照。正是在奋斗精神的激励下，浙江人民从一颗纽扣、一只打火机、一个发夹踏踏实实地做起，一点点积累，形成了全国有名的"市场大省"。无论是"四千精神"，还是后来的"十二字"浙江精神，以及习近平总书记对浙江省提出的"秉持浙江精神，干在实处，走在前列，勇立潮头""干在实处永无止境，走在前列要谋新篇，勇立潮头方显担当"的新要求，都蕴含着奋斗的含义。

志愿者一旦加入志愿服务行动，他的个人价值取向和追求就会与现实产生碰撞，这种碰撞难免会挫伤志愿者奋发进取的积极性，如没有达到自己的预期，这就需要一个磨合的过程，磨合过程就是磨砺意志体现奋斗精

---

①习近平：《与时俱进的浙江精神》，《浙江日报》2006 年 2 月 5 日，第 1 版。

神的过程。志愿服务中，志愿者都需要通过自身的深入认识和行动去适应环境、克服心理、面对苛刻的要求，这些都是考验志愿者是否具有奋斗精神的最好实践，如志愿者能否克服恶劣天气、克服从未遇到的心理落差，以及面对专业志愿服务前苛刻的培训要求等。

所以志愿服务的过程实质是培养了志愿者奋斗的精神，通过志愿服务，志愿主体能磨砺奋斗意志，真正做到埋头苦干、走在前列。

## （二）培养创新意识

"浙江精神"在形成和发展过程中呈现出鲜明的创新精神，创新创业是"浙江精神"的核心，也是浙江走在时代前列的基石。浙江作为沿海地区对外交往由来已久，文化上不断吸取吴文化、楚文化、中原文化，乃至西学，经济上利用多水的特点发展航运业，利用京杭大运河与沿经地区交流，带来先进技术，依赖杭州湾与日本、朝鲜、东南亚国家发展海外贸易，多样的文化、先进的技术必然引起思想的进步、生产技术的创新发展，并塑造了浙江人的创新意识。正是因为有着强烈的创新意识，浙江人民不断地实现自我超越，改革开放实践坚持以市场为主，始终走在各省前列，率先推进城乡一体化，形成城乡区域统筹协调发展，浙江是城乡差距最小的省；率先实施改革创新，出现了许多全国第一的现象，如全国第一座农民城——龙港镇、第一家网上采购批发平台——阿里巴巴等等。

志愿服务的创新主要体现在主体创新和服务创新上。志愿者特别是青年志愿者是一群被赋予创新意识的群体，他们大部分是青年学生，对社会和事物充满好奇，利用自己年龄、知识、学历等优势，敢于创新志愿服务形式、内容、方法，一旦青年在志愿服务中获得认可，他们参与志愿服务的动力就会得到更好的发挥，进而为完成志愿服务而产生更为创新的志愿思维，推动其实现自我价值和发挥自身主体作用。社会组织参与志愿服务是社会治理创新协同的结果，在促进社区民主管理、拓宽志愿服务领域、促进政府职能转变、整合社会资源、提升国际形象等方面发挥着越来越重要的作用。在服务形式上，志愿服务项目化创新性地运用管理学中项目化管理，使得志愿服务管理更加规范化、科学化。以志愿服务具体项目为纽带，对具体内容进行项目化设计，建立起"指南发布、项目申报、项目批准、项目实施、项目验收"的闭环管理程序，形成了"志愿项目—志愿品牌—志愿事业"的发展模式，让志愿服务管理更加规范化，这种形式上的创新使许多志愿服务项目成了全国第一、全国首创，成为样板项目被广泛推广。由共青团中央、中央文明办、民政部、中国残联、中国志愿服务联合会举办的六届志愿服务项目大赛，目的就是以评促建、以评促进、以评促发展，促进更多创新性项目的实施、推广。

志愿服务就是要秉持创新意识，有了创新意识，志愿者和志愿组织才会有持续稳定的成长基因，才可以真正做到创新实干、走在前列。

## （三）践行奉献意愿

"浙江精神"所倡导的奉献主要体现在浙江作为改革开放先行地，其经济社会发展对全国的贡献上。作为改革开放先行地的浙江，其人民自力更生、艰苦创业，实现了"'小商品、大市场'，'小企业、大协作'，'小区块、大产业'，'小资源、大制造'，'小资本、大经营'，'小城市、大经济'的发展格局"[1]。2000年，浙江城乡提前进入小康，不仅

---

[1] 陈一新：《浙江现象·浙江模式·浙江经验·浙江精神》，《政策瞭望》2008 第 12 期，第 10—13 页。

实现了强省战略，而且还为国家的发展和富强做出了贡献，浙江现象、浙江经验、浙江模式成了全国的样板。在奉献的崇高精神激励下，浙江人民虽提前进入小康，但不小富即安，而是想着与全国人民共享富裕成果，追求更高的精神富有。作为资源小省、经济最活跃的省之一，浙江省对全国经济的贡献处于全国前列，从1978年到2020年，浙江省生产总值在全国的排名由第十一位上升到第四位。同时，浙江省有一大批先富裕起来并带动后富的企业家，他们或通过捐赠物资，或通过在全国各地投资办企业，带动他人、带动区域共同致富、整体致富，这群人也被称为"浙商"，他们为全国的社会经济发展、脱贫攻坚，为党、为人民、为国家做出了重要的贡献。

自愿奉献是志愿服务的精神实质所在，从志愿服务的出发点和归宿来看，自愿奉献是贯穿始终的价值追求。正因为爱和责任、自愿性的无私奉献，志愿服务才被社会广泛认同，在社会上起到了很好的示范效应和带头作用，也增强了社会的责任意识和奉献意愿，尤其是近年来涌现了大量具有影响力的志愿者和志愿组织，他们始终以奉献为己任，向全世界展示了中国志愿者的风采。

"浙江精神"的奉献无论是体现在作为改革先行地上，还是体现在经济社会方面，对全国来说都起到了重要的作用，不可或缺地推动了我国的改革和发展。秉持"浙江精神"的志愿者就是要放远眼光，不为自己的一点点爱心而自满，而应真正践行奉献意愿，通过自己的志愿服务在全社会形成更大的影响和起到更大的榜样示范作用。

## （四）实现务实有为

"浙江精神"的务实是尊重实际、注重实干、讲求实效。尊重实际，就是要始终坚持从世情国情省情出发，从面临的具体形势任务的实际出发，从全省人民的愿望出发。注重实干，就是要始终坚持以经济建设为中心，增强科学统筹全局的自觉性和坚定性，聚精会神搞建设，一心一意谋发展，推动经济社会可持续发展。讲求实效，就是要强调效率理念，提高资源利用效率，发展循环经济和建设节约型社会。有为，就是经济社会发展有所作为，满足人民群众对美好生活的需要。正是因为坚持了务实有为，改革开放以来，浙江省人民立足浙江实际、依靠自身力量，坚决反对口号主义、形式主义、功利主义，率先改革、敢为人先，务实创新、艰苦创业，把国家利益、集体利益、社会利益摆在了首要地位，选择了跳出浙江求发展的思路，取得了辉煌成就，2020年如期实现全面建成小康社会目标。正是因为坚持了务实有为，浙江人一步一个脚印，坚持开拓进取，无论身在哪里都心系祖国、心系人民，取得了突出的业绩，"浙商"、浙籍"改革先锋"就是那么一群人。

志愿服务更应结合社会实际情况，务为群众、为社会实事之实。志愿者和志愿组织不能为单纯的志愿服务而开展志愿服务，不能为了增加个人志愿时长等个人需求而创造志愿服务，志愿组织也不能为了流行而开展志愿服务。目前，志愿组织开展的志愿服务已经能够做到发挥志愿组织的政治、组织、动员等优势，结合所需做到计划详细、可实施能落地；同时，志愿者能够结合自身的意愿，做到与专业、与能力匹配，既满足了人民群众和社会的需求，自己也得到了锻炼和提升。

"浙江精神"的务实有为使浙江省进入发展快车道，满足了人民群众对美好生活的需要，秉持"浙江精神"的志愿者和志愿组织更应将此作为开展实践活动的最终目标和要求，在志愿服务活动中努力践行务实有为的良好作风。

第二章

青春追梦
——志愿服务做什么

青春是用来奋斗的。有梦想，还得有实干来托举。不去一砖一瓦地筑梦，就无法圆梦；不去撸起袖子加油干，梦想就只能是幻想。奋斗是对青春最生动的诠释和最深情的告白。

青春是用来歌唱的。青春是首歌，唯铿锵的节奏和飞扬的音符，才能让青春之歌悠扬而深沉。人生之歌要想悦耳动听，得把青春这段"序曲"谱写扎实，开好头、起好步。

青春是用来奉献的，不是用来挥霍的。广大青年要切实肩负起时代赋予你们的使命，向英雄先烈们学习，学习他们的家国情怀和大无畏精神，因为要取得新时代的伟大胜利，同样需要你们奋起拼搏，激流勇进。

# 第一节　社区专项

社区专项主要通过摸排社区群众需求、梳理社区内志愿服务资源，将需求与资源进行结对匹配，向社区内的空巢老人、残疾青少年、低保户和低保边缘户中的农村留守儿童及新居民未成年子女、服刑人员未成年子女等重点群体提供志愿帮扶。目前浙江省已发布《浙江省青年志愿者服务社区专项行动实施细则（2019—2025年）》，具体推进时间为2019—2025年，其中2019—2020年为试点推进阶段，2021—2025年为全面推进阶段，要在2022年杭州亚运会召开前形成可推广的典型经验。

# 一、空巢老人关爱

随着中国社会老龄化程度的加剧，空巢老人越来越多。据民政部统计，2017年我国老龄人口约有1.69亿，其中40%是空巢老人，个别老城区的空巢老人家庭已达到80%以上。可见，空巢老人问题已不仅是个人问题，而且是亟待解决的社会问题。

为了进一步发扬"奉献、友爱、互助、进步"的志愿者精神，弘扬无私奉献、敬老助老的中华民族传统美德，可以通过定期的探访和一对一、多对一的服务，让老人们多一个陪伴的对象，多一个谈心的对象，多一个倾诉的对象。志愿者可以通过志愿服务活动，让老人以更加乐观积极的态度生活，让他们感受到老有所养、老有所乐、老有所为的生活乐趣，让他们感受到国家与社会对他们的重视与温暖。同时，志愿者通过与老人的沟通，深切体会"老吾老以及人之老"的哲理，培养敬老美德。

**案例** 分析

## （一）基本情况

案例名称：银巢未来　积极养老
案例来源：宁波市鄞州区银巢养老服务中心（浙江大学宁波理工学院）
发起时间：2017年10月
服务内容：以老年人综合素质和社区居家养老服务需求为切入口，结合课程活动等形式，为社区老人定制化打造精神养老服务。

## （二）案例背景

我国已加速进入老龄化社会，老龄化的加速袭来既是危机也是机遇，银色（老年人）资源具有潜在的巨大的社会价值和公益价值。机构养老、居家养老等传统养老模式已经无法满足当下老年人的养老需求。随着知识结构的完善和老年人综合素质的提升，老年人对精神养老的需求已经远远超过物质养老的需求。

精神养老是由于社会发展而衍生出来的养老新需求，主要解决当下社会退休老年人被社会边缘化的问题，通过帮助老年人发挥余热，使老年人的生活更加富有生机，让他们获得社会的认可。创造价值的同时更是满足了老年人的精神养老需求，缓解了社会及政府的养老压力。精神养老真正帮助老年人在老有所养、老有所医的基础上实现了老有所为和老有所乐。

## （三）发展情况

银巢公益项目以社区为单位，以课程活动为载体，链接高校志愿者和社区工作人员，挖掘一部分有技能、有价值的老年人，实现老年人从被服务者到主动服务者的转变，输送自己的价值给社区里的外来务工子女、下岗妇女等弱势群体，真正实现老年人退休后的老有所为和老有所乐。通过志愿活动来满足老年人的精神养老需求。

该项目以老年人综合素质和社区居家养老服务需求为切入口，打造专属老年人的精神养老服务，从科技、健康、文化、艺术等综合因素出发，制定一系列教育课程。将老年教师和大学生志愿者相结合，安排志愿者团队长期稳定地帮助老年人开展课程。

目前银巢公益项目组和相关社区、街道、企业共同举办多项大型公益活动和公益项目，如银巢—繁星文社、银巢—夕拾文社、《904银巢云课堂》节目、圆奶奶一个上学梦等公益活动，并承接政府多项老年活动策划、社区"三无"老人对接、鄞州区老年人情况调研等工作。具体项目见表2-1。

表2-1  银巢公益项目主要活动一览表

| 活动项目 | 活动内容、时间、地点、形式、参与人数等 |
|---|---|
| 圆奶奶一个上学梦 | 在2017年9月9日，于腾讯公益平台正式开始3天的公益筹款计划，3天时间获得1万多元公益基金全部用于老年公益课堂的筹建，共带动5000多人参与众筹活动并捐款，帮助50多名老年人重新回到了课堂 |
| 银巢公益课堂公开课 | 2017年9月17日，与宁波市人力资源局合作，在人力资源大厦开展"银巢公益课堂公开课"，在50多名志愿者的协助下，邀请钟公庙街道书法协会秘书长金理衡老师为60多名外来子弟讲授后传统国画。此后，每周日早上8:30，都有志愿者队伍协助老年教师进行课程培训 |
| 银巢—繁星文社 | 繁星文社于2016年11月正式落地繁裕社区，其后每周日早上8：30，都有大学生志愿者团队协助社区内退休老人重新站上讲台。在课前志愿者会积极配合老人做好备课工作，并对老年教师进行一对一的专业授课培训。在后期，协助老年人在社区内给学生授课，传授技能。至今，活动已经持续开展3个学期，共36个课时，服务学生达到1044人次 |
| 银巢—夕拾文社 | 2017年，开展社区老年公益学堂，寻找社区内有技能、有经验的老年人，建立高校志愿者团队和专业的教师团队给老年人进行培训，在每周五下午1:30于社区公益基地开班授课，10个社区同时推进，服务老年人达500多人 |
| 长者公益培训中心 | 每周在钟公庙文化公园的钟园内开展长者公益培训，再通过中心的培训帮助老年人更好地进行二次价值开发，服务社会。培训课程在每周六下午2点开始，4点结束，30个人小班化课程，两周一班制，服务达700多个老人 |
| 一老一故事 | 与宁波广播电台合作，开展线上的长者公益课堂，通过广播的形式，进行针对老年人的线上教学，同时让老年人当播音员，在线上分享他们的经验与故事。每周日中午12:30准时于FM90.4频道播出 |

### （四）主要成果

银巢公益项目运作3年来，开展"长者公益培训中心""银巢公益课堂公开课"等活动100余次；与鄞州区30多个社区达成战略合作协议；开展培训活动课程2500余次；共计服务对象30 000多人。同时与宁波人民广播电台合力推出《904银巢云课堂》节目，集线上线下课程为一体。项目成果丰硕，社会效应显著，获得多地政府的一致肯定和社会人士的赞赏好评，并斩获国家级和省级等20多项荣誉。在2018年初致公党中央将《关于及早谋划实施积极老龄化的方案》提交到全国政协十三届一次会议，获得多地政府的大力支持和肯定。

从试点项目落地到2019年，"银巢未来"志愿者服务项目通过帮助老年人发挥余热，帮助1846名老年人实现了"老年教师梦"，帮助4350名老年人重新融入社会，同时推动了5900多名外来务工子女和7200多名老年人重新获得学习的机会，这相当于是6家外来务工子女小学和8家老年大学的力量。同时，带动了近6000名大学生参与到志愿者活动中来，推动着宁波高校志愿者活动氛围的优化。

## 二、困难群体帮扶

困难群体泛指基于一定的原因，凭借自身力量难以维持基本生活而需要政府或社会力量给予帮扶的社会群体。在经济层面上，这一群体主要表现为贫困人群；在社会层面上，这一群体主要表现为老年人、儿童、残疾人、失业者等弱势群体。目前，浙江省困难群体帮扶主要分为：残疾青少年帮扶、低保户与低保边缘户帮扶。志愿者需要统筹民政、人社、教育、卫生、工会、妇联、残联等相关部门和团体的力量，建立起动态长效帮扶机制。

**案例** **分析**

## （一）基本情况

案例名称：筑梦星辰，因爱成海——孤独症志愿服务公益项目

案例来源：温州医科大学星海孤独症公益中心

发起时间：2012年

服务内容：面向家长推出包括行为干预、艺术疗愈、语言训练、心理建设在内的BASE模式家长培训课程；借助医学专业优势，为孤独症患者家庭提供包括诊断筛查、基因检测、发放安全手环、建立家长联盟等服务；对社会大众进行科普宣传。

## （二）案例背景

孤独症是一种先天性的精神残疾，是儿童残疾中最严重的一种。就现有医学水平来说，孤独症尚无特效药物且难以治愈，致病因素不明，需终生干预训练。

据中国教育协会统计（2019年），在我国，孤独症患者已超过1000万人，其中14岁以下的孤独症儿童超过200万人，且以每年近20万人的速度增长。孤独症儿童家庭家长面对国内稀缺的孤独症培训机构和专家及孩子成年安置问题，承受着巨大的精神和经济压力，需要社会关爱和支持。

目前孤独症患者社会援助面临诸多问题，包括针对孤独症的志愿服务机制尚不健全，家长专业知识匮乏，孤独症康复培训机构供不应求且师资

水平良莠不齐，等等。

志愿者主要借助专业融媒体平台和线下宣讲，普及孤独症专业知识，传播"关注—理解—接纳"的人文关怀理念；利用组织健全的专业性志愿服务机制，为孤独症家庭提供专业优质的志愿服务，给予家长帮助和关怀的同时，结合BASE体系课程，针对家长提供过渡期护理干预模式；以点带面，逐步推广全纳融合教育模式，提升患儿的社会适应能力。

## （三）发展情况

温州医科大学星海孤独症公益中心秉承"怀赤诚之心，助自闭群体"的宗旨，是国内首家以医学生为主体，致力于改善孤独症患者及其家庭现状，促进社会和公众对孤独症的了解，消除社会和公众对孤独症患者歧视的公益性、非营利性的民间组织。

中心基于6年对孤独症家庭及康复培训机构的调研，提出"COMMON融合模式"，即面向家长推出包括行为干预、艺术疗愈、语言训练、心理建设在内的BASE[①] 模式家长培训课程；借助医学专业优势，为孤独症患者家庭提供包括诊断筛查、基因检测、发放安全手环、建立家长联盟等服务；对社会大众进行科普宣传；在高校乃至全社会传播"接纳与包容"的人文价值观，力求培养家长多元技能，巩固孩子干预效果，引导家长心理悦纳，引领行业生态。

通过发行科普绘本与视频，普及孤独症相关知识，以高校讲座、社区宣讲、画展、义卖义演等形式促进大众正确认识、了解乃至接纳孤独症群体；联合星星雨教研所创始人田惠萍、国内艺术治疗顶尖专家严虎，针对孤独症患者家长研发开设BASE课程体系，分行为干预、艺术疗愈、语言训练、心理辅导四大模块，自主研发教材与教具，课程体系获中国社会科

---

① BASE 分别是行为干预、艺术疗愈、语言训练、心理辅导四个课程模块的英文词语的首字母。

学院认可与大力支持；借助医学专业优势与平台信息网，为患儿家长精确配对专业医生，提供诊断筛查服务，与计生局合作，提供免费基因检测；发放安全手环，实时定位监测，为患儿的安全保驾护航；以温州大学城为核心试点，率先开展大型主题户外融合活动，帮助孤独症儿童接触大众，以此为基础逐步推广全纳融合教育模式，提升患儿的社会适应能力；对志愿者开展规范化培训，为患者家庭提供喘息服务，保障家长的身心放松时间，同时建立家长社群，传播正确理念，共享中心资源，引导家长互助，缓解亲职压力。

2019年12月，该中心已经成功为312个家庭授课一年，改变了167位家长的心理悦纳，为10位患儿举办了属于他们的画展，让8位患儿能力提高，进入了普校学习；成功诊断479位患儿，通过安全手环寻回18位孤独症儿童。同时，20个家庭接受了免费基因检测，为大众宣传217次，影响413 000余人。

## （四）主要成果

在该项目实施期间，相关成员走访调研了众多孤独症康复机构和孤独症家庭，共计发放问卷2924份，累计在浙江、江西、陕西、河南等10省开展志愿服务，至2019年12月已有超过2630人参与了中心的志愿服务活动，服务时长累计达到26 000余小时。

此外，基于前期调研成果，项目相关负责人员结合国际通用干预方法，面向家长推出BASE模式家长培训课程，同时配有顾问坐镇，专业性得到了极大的保障。因为目前我国针对孤独症患儿的训练机构仅能服务1.3%的患儿，该项目采取线上线下结合的授课模式，能够最大限度地教家长学会如何进行干预训练，节约人力财力。

该项目对孤独症的知识普及获得了温州市共青团、浙江省共青团、《温州日报》等多家自媒体或专业媒体的宣传报道，引起广泛的社会反响。

# 三、未成年人关爱

未成年人是祖国的未来、民族的希望，是社会主义事业的接班人。关心未成年人的健康成长，是党和国家义不容辞的职责，也是全社会的责任。未成年人的健康成长关系到千家万户的安宁幸福，关系到整个社会的和谐稳定和长远发展。未成年人保护工作是建设更加富裕、更加文明、更加和谐、更加美丽的社会主义现代化强国的重要组成部分。

## 案例 分析

### （一）基本情况

案例名称：浙江大学研究生支教团志愿服务项目

案例来源：浙江大学研究生支教团

发起时间：1999年

服务内容：按照"公开招募、自愿报名、择优选拔"的方式，招募一批具备浙江大学推荐免试硕士研究生资格的应届本科毕业生，到西部贫困地区基层中小学校开展为期一年的支教工作和力所能及的社会扶贫、志愿服务等各类公益活动，同时按照当地团组织安排兼任所在乡镇、学校团委副书记，参与团的基层组织建设和基层工作。

### （二）案例背景

多年来，中西部地区始终在教育水平、经济发展等方面面临诸多问题，人民日益增长的美好生活需要和不平衡不充分的发展之间的矛盾也日益加深。志愿者团队围绕人才培养这一焦点问题，通过搭建浙江大学参与西部发展的桥梁，促进中西部贫困地区基础教育事业发展，在服务人才强国和西部大开发战略、建设社会主义新农村、构建社会主义和谐社会进程中发挥积极作用。志愿者在为祖国建设添砖加瓦的同时，树立了坚定的理想信念，志愿服务为培养知国情、讲奉献、高素质的复合型青年人才提供了良好导向。这是共青团组织引导和鼓励青年学子服务基层的一次实践探索，是将青年学子培养与人民群众相结合、与实践相结合的实践模范。

由于东西部地区发展差距的历史存在和过分扩大，已经成为一个长期困扰中国经济和社会健康发展的全局性问题，因此，缩小东西部贫富差距，建成一个经济繁荣、社会进步、生活安定、民族团结、山川秀美、人民富裕的新西部是国家发展过程中必不可少的环节。高校毕业生是国家宝贵的人才资源，他们为国家建设贡献自己的力量，参与到服务西部、建设西部的过程中，为实现全面建成小康社会的宏伟目标贡献了自己的智慧和力量。

## （三）发展情况

浙江大学于1999年成立研究生支教团，是首批实施中国青年志愿者扶贫接力计划的高校之一，每年选派具备保送研究生资格、有奉献精神、身心健康的应届本科毕业生，以志愿服务的方式到四川昭觉（2000年）、贵州湄潭（2007年）、云南景东（2013年）、贵州台江（2017年）等中西部贫困地区的学校开展为期一年的支教工作，至2019年12月，共选派了19批226名志愿者参加该项扶贫接力计划。

一线教学是浙江大学研究生支教团工作的核心，用科学的方法和先进的理念指导和开展教学工作则是"志愿者扶贫接力计划"的宗旨所在。浙江大学研究生支教团的每一届人数在八到十几人之间，数量不等，每年支教时分派的学校、教学班级和科目也不完全相同，但教学为先、扶智为先是历届支教团的共同理念。20多年来，浙江大学研究生支教团在求是精神、西迁精神的感召和引领下，心怀理想、不畏艰难、勇敢前行，志愿服务于西部贫困地区，立足西部实际，在保质保量完成当地教学工作的同时，充分发挥志愿者的桥梁作用、宣传作用和带动作用，积极主动开展大量扶贫扶智工作，努力促进西部地区的教育发展和社会进步。同学们用无悔的青春接力服务祖国西部的开发和建设，取得了显著的工作成效和强烈的社会反响。

## （四）主要成果

项目主要通过东西部之间的结对帮扶活动，帮助彝乡的孩子顺利完成学业。截至2019年12月，支教团已累计帮扶4000余名中小学生；联系东部热心公益的企业，组织开展了"爱在浙滨"系列活动，创立"求是春晖学金"，开展"衣+衣＝爱"寒衣捐助行动，发起"西迁情·求是心"奖助学金项目；等等。2012—2018年，受益学生累计达6608人，募集资助金达472.2万元，筹集的物资折合人民币702.84万元。

此外，支教团在四川昭觉修建"思源渠"，筹建网络资源教室，积极开展"求是筑巢"工程，建设金和地木希望小学、黑洛乡苏泊尔学校、瓦吾村小及红光村小新校舍；在贵州湄潭修建了村路和"蓝田渠"；等等。目前，支教团支持西部贫困地区基础设施建设方面的项目已累计完成20余个。

# 四、平安巡防

当前，由于社会治安形势日趋复杂，单一结构的巡防体系已不能满足平安建设的需要，治安巡防的多元化、社会化和复合化已成为发展主流。志愿服务组织在扎实推进专业巡防建设的同时，积极探索新时期社会化治安防控工作新路子，整合资源，创新机制，引导广大群众关注治安防控和参与治安防控，积极投身志愿者巡防工作，共同打造"平安中国"。目前，浙江省平安巡防主要涉及交通安全、消防安全、防火防盗等领域。

**案例**分析

## （一）基本情况

案例名称：共享共治 文明启杭——文明交通劝导志愿服务项目
案例来源：杭州市上城区晴雨公益服务中心
发起时间：2015年
服务内容：志愿服务队在城区范围内组织开展文明交通劝导活动、沿街共享单车清理活动、文明出行宣传活动等志愿服务活动，以保障城区交通安全、提高居民交通安全意识、消除街道交通安全隐患、建设良好城市形象。

## （二）案例背景

文明交通是城市的一张名片，是展现城市文明的窗口，更是市民素质、城市文明程度最直接的体现。由于经济和社会的高速发展，交通设施逐渐健全，人们出行愈来愈便捷，但也出现了一个重大的隐患——交通安全问题。道路交通事故不断发生，交通秩序不良，原因是多方面的，不可仅归咎于道路设施和车辆技术状况。统计数据表明，交通事故发生，90%以上的责任在于驾驶员和行人，交通不畅主要是乱停乱放、强超抢会和交通参与者随心所欲的交通行为造成的。缓解混乱的交通秩序，增强公众的文明交通意识就显得格外重要。

杭州作为面向全球游客的国际化旅游城市，每年接受大量来自海内外的游客,城市交通面临极大压力,在西湖周边,尤其是湖滨商圈一带,常年存在城市交通指挥失灵的问题。

## (三)发展情况

杭州市上城区晴雨公益服务中心成立于2015年,于2018年6月正式在杭州市上城区民政局注册,2019年12月时已是一个拥有1500名成员的大型公益组织。

杭州市上城区晴雨公益服务中心的文明交通劝导项目是为了消除主要路口交通安全隐患、优化城区交通便捷程度而设立的,面向全体杭州市民及来杭游客。该项目通过在上城区各大主要交通路口组建文明交通劝导服务队,开展文明交通劝导活动、沿街共享单车清理活动、文明出行宣传活动等志愿服务活动,以保障城区交通安全、提高居民交通安全意识、消除街道交通安全隐患、建设良好城市形象。

此外,晴雨公益服务中心积极与上城区政府部门展开合作,携手上城区公民警校组建国际驿站,吸引了一大批在杭留学生参与到文明交通劝导活动中来;与浙江大学、浙江工商大学等许多在杭高校的志愿者协会展开合作,吸纳了许多大学生志愿者为活动的策划、组织、宣传等方面工作献计献策;与28所在杭中小学开展合作,努力将文明交通知识从书本带入生活,培养中小学生的文明交通意识。其中,文明交通劝导活动得到杭州市众多媒体和中央电视台、新加坡电视台的重点报道。

## (四)主要成果

2019年,晴雨公益文明交通劝导活动共开展113场,吸纳志愿者9700人,累计服务市民和游客128万人。仅2019年国庆假期,共劝导不文明人员4295人,整理共享单车2025辆,帮助走散儿童找到家人25人次,帮助走失老人找到家人11人次，帮助咨询游客125 578人次，帮助残疾人43人，把5名扭伤游客送进医院。累计志愿服务人员达1359人，累计志愿服务时长近10 000小时。项目得到区领导的高度肯定和支持，同时，该项目受到央视、中国交通频道、浙江卫视、安徽卫视、浙江日报、杭州日报、新加坡电视台等海内外媒体的报道。该项目被评为"2019年度上城区社会组织参与基层社会治理十大案例""2019年上城区志愿服务精品项目"等。

## 五、邻里帮扶

当今社会中，邻里关系是最基本的社会关系，邻里和谐是社会和谐的基础，因此促进邻里和谐十分必要。邻里帮扶是以邻里和谐关系为纽带而进行的邻里互助活动，其在促进社会关系和谐发展的同时，有助于建立平等互助、热心公益、奉献社会的新型邻里关系，弘扬崇尚文明、互帮互助、邻里和谐的社会风尚，促进和谐社会的建设。

案例分析

### （一）基本情况

案例名称："红色老墙门"社区公益大篷车项目
案例来源：杭州市上城区凤凰公益社会工作服务中心
发起时间：2018年5月
服务内容：开展的社区便民服务项目有"五修"（修伞、修脚、修鞋、修家电、修煤气灶）、"四磨"（磨刀剪、磨药粉、磨钥匙、按摩）、"三理"（理发、口腔护理、珠宝眼镜清洁）、"二量"（量血压、测血糖）、"一补"（缝纫织补）。开展助老、助残、助困服务；开展杭州"最美凉茶摊"服务；开展与贫困山区中小学生结对帮扶活动；为弱势群体提供服务；承接政府委托的公共服务项目；等等。

## （二）案例背景

杭州上城区是杭州的老城区，是老杭州人心中正宗的"皇城根"。作为南宋皇城遗址核心区所在地，上城区有着杭州人最古老的记忆，区域内有名胜古迹、街坊里巷、老旧房子及老墙门等等。老墙门里，居住着大批杭州的老市民，这里人口密度大，便民服务缺口大。

以馒头山社区为例：其隐藏在凤凰山脚下，区域内有铁路、部队、园区、企业、行政事业单位、农居房和老旧小区等，占地约1平方千米，常住居民有5736人，外来人口在册登记的有4628人，在册党员有215人。人员结构非常复杂，服务需求大且多样，交通不似市中心地段发达，中老年群体出行不便，对社区公益大篷车这类便民服务需求更大。

以小营巷社区为例：社区内有众多老住宅小区，没有专门的物业管理，且基本设施落后，社区环境和服务达不到居民所期望的标准。可以通过社区社会工作方法中的地区发展模式和社会策划模式，利用社区公益大篷车，以居民需求为导向，将便民服务和社区"红色精神"的实际相结合，鼓励居民通过自助互助的模式，解决社区问题。

## （三）发展情况

"红色老墙门"社区公益大篷车项目是党建引领下的社区服务和社区治理项目。该项目立足于杭州主城区的老旧小区，服务老墙门内的社区居民，整合资源，打造集生活服务、公共服务、政务服务、便民服务于一体的公益便民、参与式互助服务平台，进而，推动更广泛的居民参与公益行动，将公益能量延伸至居民生活；搭建和培育党建文化、墙门文化和公益文化，推动社区互助资源流动，提升社会弱势群体福祉，构建诚信、互助、友爱的幸福社区。

该项目秉承"为民、便民、助民、惠民、乐民"的服务宗旨，坚持志愿资源共享，增强服务理念，不断提高服务技能和提升服务质量；以社区为服务终端，贴近民生，为居民并带动居民解决生活中遇到的一些实实在在的困难。开展的社区便民服务项目有："五修"（修伞、修脚、修鞋、修家电、修煤气灶）、"四磨"（磨刀剪、磨药粉、磨钥匙、按摩）、"三理"（理发、口腔护理、珠宝眼镜清理），"二量"（量血压、测血糖）、"一补"（缝纫织补）。开展助老、助残、助困服务；开展杭州"最美凉茶摊"服务；开展与贫困山区中小学生结对帮扶活动；用社会工作方法为弱势群体提供服务；承接政府委托的公共服务项目；等等。同时，根据居民的实际需求和社会要求不断增加服务内容。该项目立足社区，鼓励居民参与，为居民提供一个文化交流、自助互助的平台，激发居民尤其是党员居民参与社区事务，推动社区治理，构建睦邻和谐的社区生态。

## （四）主要成果

该项目开展以来极大解决了社区居民的日常生活困难，并给居民创造了一个参与公益活动、参与社区事务的机会；促进邻里沟通，增进邻里感情，内生邻里互助，夯实墙门文化，传递公益文化；增强社区与居民的交流，传承红色基因，了解民生需求，解决民生诉求；受益对象达到9316人次，居民满意度达到98%。

# 第二节 大型赛会

近年来，浙江省各地承办的大型赛会日益增多，主要有G20杭州峰会、联合国世界地理信息大会、世界互联网大会及2022年即将举办的亚运会，志愿服务成为其中一道亮丽的风景线。G20杭州峰会志愿者"小青荷"、世界互联网大会志愿者"小梧桐"、联合国世界地理信息大会志愿者"德德""清清"，无一不给中外访客留下深刻印象。特别是青年志愿者为这些大型活动提供了高质量的志愿服务，为这些活动的顺利举办做出了重要贡献。

## 一、世界互联网大会

世界互联网大会是由中华人民共和国倡导并每年在浙江嘉兴桐乡乌镇举办的世界性互联网盛会，大会由中华人民共和国国家互联网信息办公室和浙江省人民政府共同主办，旨在搭建中国与世界互联互通的国际平台和国际互联网共享共治的中国平台，让各国在争议中求共识、在共识中谋合作、在合作中创共赢。目前世界互联网大会已举办七届，合计招募志愿者8000余人，他们分别来自浙江传媒学院、嘉兴学院等省内高校学生。志愿者通过系统培训提供了高质量的服务，每年"小梧桐"成了互联网大会上一道亮丽的风景线。

**志愿者感悟1**

**姓名：狄逸涵　学校：浙江外国语学院　服务岗位：重要嘉宾联络服务**

"冬有冬的来意，寒冷像花，花有花香，冬有回忆一把。"于我，此冬回忆是在乌镇不短不长的九日。而我，收获良多。

乌镇如一名孩童，以童子的眼神看世界，理解世界，包容新物；乌镇如一位窈窕淑女，伫立于河边，静望着轻晃河上的乌篷船和青石板路上的人来人往；乌镇亦如一位慈爱母亲，倾所有养育孩子，看他们一步步成长到现在有所建树。来到乌镇，我看到了现代化的互联网大会给乌镇这位江南女子带来了新的魅力，而乌镇也以其水乡韵味给大会增添了难以言喻的独特。在乌镇的短短九日，她淡雅脱俗、温婉动人的美已深深刻在我的心中。

乌镇九日，我从第一天重感冒到最后有所好转，从开始穿高跟鞋步履艰难到最后的如履平地，从开始对乌镇一无所知到最后成为乌镇百事通，每天从睁开眼到晚上睡觉都感觉在跟时间赛跑，分秒必争。这九日，我深刻地理解了出征仪式上老师对我们说的吃苦耐劳、认真服务的志愿服务态度，我更懂得了"奉献、友爱、互助、进步"的志愿服务精神的内在含义，也明白了共同的目标和努力真的会使大家热情不灭！

作为一名重要嘉宾联络服务组的"小梧桐"，我最重要的任务就是与我负责的嘉宾对接。但在前期的嘉宾联络过程中出了一些突发情况，比如嘉宾抵达时间、抵达方式不定造成的调车延误等问题。但也正是这些突发情况使我意识到了前期充分准备与万全考虑事情的重要性和必要性。我在接到嘉宾后发现嘉宾并没有我想象中的那般严肃，而是和蔼可亲的。他对我们志愿者很关心，会在每次送达会场及送达住处时对我说谢谢，会在天冷或者下雨时问我一句：冷吗？并提醒我多穿点衣服。我对嘉宾老师印象最深的大概就是在逛互联网之光博览会时，老师会认真询问展位人员相关科技成果的研发过程、应用领域及产品受众并亲身体验产品，认真思考是否能够应用到自己的研究领域上及使更多人受益。果然，成功与成就跟专业技能和人的品性都是密切相关的。做人谦逊低调，做事专业认真，是我的嘉宾最值得我学习的地方。

在此次乌镇志愿服务之行中，我更是收获了满满的友谊。白天，我们在西栅景区内拿着地图仔细研究路线，深夜我们在寝室互相抽查地图与手册准备情况。在细雨迷蒙的清晨我们狂奔在青石板路上去乌村接嘉宾来逛西栅，在我感冒时你们陪着我去夜晚寂静无人的西栅大街找医疗点买药，在我来不及吃饭时你们帮我带暖和的食物，在我疲惫时那一句句温暖话语直戳心窝，这友谊是今年冬天最好的温暖。我的朋友们，爱你们！你们是我不期而遇的人生惊喜！

乌镇，感谢这次与你的美丽邂逅，希望来年再会！

**志愿者感悟2**

**姓名：陈圆俐　学校：浙江外国语学院　服务岗位：记者接待及新闻中心服务**

有幸作为第五届世界互联网大会的一名"小梧桐"，虽然在乌镇的九天过得很快，但我满载着收获回杭。

一是责任与担当。作为新闻组的几位小组长之一，我不仅需要完成自己的任务，也要为小组做好排班表，监督和指导大家以最好的姿态完成志愿工作。对小组负责，也是对整个大会负责，我也会将这份责任心带到今后的学习和工作中去。

二是积累与机遇。一天晚上，我和小伙伴结束工作正要走出景区之时，一位外宾叫住了我们。经过交谈，我们得知他是要去参加欢迎晚宴的一位法国客人。我们一路带着他顺利抵达云舟宾客中心，但是之后我们两个都略感遗憾——没能把乌镇的英文介绍准备得更充分。作为浙江外国语学院的学生，我更应该积极主动地积累素材，加强口语训练，讲好中国故事，传播好中国文化，成为中外文化交流的使者。

三是良师与益友。在志愿服务期间，我结识了很多不同学校的小伙伴和优秀的带队老师。大家互相抽背地图路线和大会应知应会的内容，一起踩点，在遇到困难时互相帮助，也向彼此学习到了很多。

这次的志愿经历不仅让我有机会走近这样世界级的重大会议，更让我收获了许多。我体会到全身心投入地做一件事后的快乐，我也会在今后用心对待每一件事、每一个人。

## 二、G20杭州峰会

二十国集团（G20）是一个国际经济合作论坛，于1999年9月25日由八国集团（G8）的财长在华盛顿宣布成立，属于布雷顿森林体系框架内非正式对话的一种机制，由阿根廷、澳大利亚、巴西、加拿大、中国、法国、德国、印度、印度尼西亚、意大利、日本、韩国、墨西哥、俄罗斯、沙特阿拉伯、南非、土耳其、英国、美国及欧盟等20国组成。2016年，G20峰会在杭州举行，据统计8000多名大学志愿者参与到G20峰会的工作中。他们通过多形式、高质量的志愿服务，在礼仪翻译、会议接待、秩序维护等不同岗位上默默奉献，展示风采。

**志愿者感悟1**

**姓名：叶虹钰　学校：浙江理工大学　服务岗位：礼仪服务**

时光的流转竟是这样忽忽如梦。回首2016年1月初的注册报名到峰会结束，大半年的时光已然从指缝间流泻而过。从心怀期待到梦想成真，G20杭州峰会志愿者于我而言就是一座高山，它使我总往高处爬，它使我总有奋斗的方向，它使我任何一刻抬起头，都能看到无限的希望。

西子湖畔上的艳阳高照，白堤断桥下的出水芙蓉，柳浪闻莺里的百鸟争鸣，钱江新城边的流光溢彩，立交大桥外的美轮美奂，奥体中心处的宛若莲花，无不昭示着这座城市为筹备G20杭州峰会所付出的心血。随着9月

4日晚上"最忆是杭州"大型文艺晚会在印象西湖举办，整个G20杭州峰会被推向了高潮，杭州用无与伦比的美惊艳了世界，各国来宾惊叹于这座城，震撼于这个国家！而作为一名G20杭州峰会的志愿者，我为自己感到骄傲，为杭州感到荣光，为我的祖国感到自豪！

还记得几天前，秋伏已过，我们G20杭州峰会志愿者团队踏着轻快的步伐，前往火车东站进行服务。身着的志愿者服装宛若一朵朵娇嫩欲滴的"小青荷"，山水的勾勒浑然天成，时刻向世人们昭示着中国大学生青年志愿者形象上的朝气蓬勃、态度上的亲切温和。这些都如小小清泉，丝丝缕缕地为百姓们及各国来宾消去最后一抹暑意，送上来自夏末的似水和柔情。在志愿服务的过程中，我们牢记并践行着在培训会上学到的知识——志愿精神是外化于细节，从细节体现出态度来的：对客人的致礼是要精确到时空的精确单位；对自我的规范是要坚守到时刻的绷紧神经；对服务的严谨是要维持至不懈的温暖微笑。而究其根本，则是恪守"奉献、友爱、互助、进步"的志愿者精神，让服务的对象感受到我们赤诚真挚的内心。从培训学习到上岗服务，有过迷茫无措，有过日夜颠倒，有过疲惫不堪，但是只要一想起这是祖国交付给我们的重托，这是祖国予以我们的信任，这是祖国寄予我们的期待，我们就咬下牙尖，时刻将最得体的仪容、最美好的形象、最可亲的微笑，呈在世人的面前，让祖国人民以我们为荣，让祖国以我们为傲！

蓦然回首这几天的经历，鲜活的画面依然能跃然纸上，浮于眼前。于我而言，在G20杭州峰会的志愿服务中，我收获的不仅仅是一个光鲜的履历，更为重要的是，我遇到了一群人，一群孜孜不倦、奋发图强的人；一群斗志昂扬、坚定不移的人；一群虚怀若谷、壮志凌云的人。正是这些美好的大学生青年志愿者，让我更有了见贤思齐的目标，让我感受到了未来的中国在我们新一代的共同奋斗下，有无尽的曙光。

**志愿者感悟2**

**姓名：张天宏　学校：浙江中医药大学　服务岗位：嘉宾联络服务**

杭州城的夜幕落下，华灯初上时分，"小青荷"们的夜班随车工作开始了。夜班工作的内容主要包括提醒乘客本班次的目的地、记录乘车人数及班次、协助播放杭州宣传片、乘客下车前提醒带好随身物品、乘客下车后再次检查乘客有无遗漏物品。虽然都是一件件的小事情，但是心中的那根弦始终不敢松，因为内心一直有个声音在告诉我：现在所做的一切都代表了杭州的形象，能在前往新闻中心的大巴上服务是杭州人的荣耀。

从去年报名志愿者到现在的正式上岗，三轮面试五轮选拔，经历的真的太多太多。从最初的志忑报名，到紧张面试，再到辛苦备战托业测试，最后到现在内心紧张而又面带微笑从容上岗。变强的不仅仅是自己的英语口语能力，还有日益强大的内心。9月2日开车前五分钟，我被紧急抽调到随车岗位上。接到任务时的紧张心理在经过安检后的一刹那瞬间消失，从容的微笑挂上嘴角，因为我看到了境外记者，我不能让他们看到志愿者的慌张。直到将记者送达国博中心，我最初的紧张才再次涌上心头，但更多的是一种日益强大的从容，那一刻我感觉之前的一切努力都是值得的。

很开心能成为夜班组的队长，负责联系酒店老师和司机师傅，应对突发状况。提前联系接送的司机师傅是我工作中的一个环节，但是夜班中难免会出现一些突发情况。

比方说有部分同学会被临时抽调去支援环线班车，如此一来同学们的返程时间和地点都不能确定，为确保同学们都能安全返校，每次我都会多清点一次人数，按时把相关事宜对接好。半个月下来，责任让我成长得更加迅速。

每天下午4点从学校出发，凌晨4点洗漱完毕入睡，这就是我们和黑夜相伴的一天。黑夜给了我们一双黑色的眼睛，我们用它来服务每一位需要帮助的境外记者，眼中永远盛满了欢乐与活力。"小青荷"们在夜间同样具有亲和与活力，同样会绽放美丽。

## 三、联合国世界地理信息大会

联合国世界地理信息大会是由联合国主办，自然资源部和浙江省人民政府共同承办的，是联合国主办的规模最大、层次最高的地理信息大会。大会以"同绘空间蓝图，共建美好世界"为主题，旨在增进人们对地理信息管理的理解、认知和应用，促进各国地理信息与技术更好地服务联合国2030年可持续发展议程实施，共同应对地方、国家及全球面临的发展挑战。

2018年11月19日，为期三天的首届联合国世界地理信息大会在浙江省德清地理信息小镇开幕。联合国秘书长古特雷斯向大会发来贺词视频，国务院总理李克强向大会致贺信。大会达成并发布《莫干山宣言》，提出构建数据和地理信息领域的人类命运共同体，弥合地理空间信息鸿沟。

由浙江省团省委领衔的大会志愿服务部坚持高标准做好本次大会志愿服务工作，为大会顺利举办做出了积极贡献。760名"德德""清清"志愿者全程参与大会服务，涉及接送、注册、引导、翻译等85项工作；大会设置服务点106个、岗位355个，累计服务时长达6.57万小时，累计接待服务嘉宾、展商、记者等4.3万余人次。对于这次大会，湖州市委、德清县委主要领导亲切慰问，新闻媒体高度评价，中外嘉宾纷纷点赞。特别是在大会闭幕式上，志愿者代表集中亮相，获得组委会感谢的特殊礼遇。

**志愿者感悟1**

**姓名：雷雪莲　班级：中国计量大学　服务岗位：会场及注册报到服务**

**用辛勤擦亮志愿者的金名片**

2018年11月21日16点，与会各国在国际会议中心莫干山厅共同发布了《莫干山宣言》后，联合国世界地理信息大会在中国德清正式落下帷幕。何其有幸，能够参与这场以"同绘空间蓝图，共建美好世界"为主题的会议。

组长说："我们志愿者不只是能够在岗位上提供各项服务，也要成为这次大会中一道亮丽的风景线。"如此，提供志愿服务的前期准备工作不可或缺，志愿者也必然十分辛苦。我们从13号来到德清，一直培训到18号。在这期间，我们学习了通识知识，了解了德清，了解了地理信息，熟悉了会场等，做了大量的准备工作，只为在大会期间呈现最专业的服务、最美丽的姿态。

在这次活动中，我的岗位是在国际会议中心的咨询台为会场所有代表、工作人员提供咨询服务。我们遇到了很多挑战。一方面，天气很冷，衣服比较单薄，需要克服。另一方面，这次会议涉及100多个国家，外宾非常多，各国代表的英语发音不同，而且专有性名词很多，给服务增加了难度。整个会场每一天都有不同的会议，会场的每个角落各分布着什么，电梯在哪，厕所在哪等，志愿者都要十分清楚，还有会场外的巴士怎么坐，停车处在哪，嘉宾的酒店怎么回，会场里专门的Wi-Fi怎么连等也必须了解。辛苦是一定的，但是一切都是值得的！当我们站在岗位上，微笑着回答嘉宾们的一个个或大或小的问题，嘉宾们的每一个微笑、每一声谢谢，都是对我们最大的认同与鼓励。困难客观存在，但我们都能主观克服。我认为，志愿者们都很棒！

同时，真的感到非常荣幸能参加这次大会，作为中国计量大学的志愿者，打出中国计量大学的名片。当县委书记看着状态极好的我们，微笑着问我们来自哪个学校时，我们能铿锵有力地回答"中国计量大学"。校党委书记也特意来到大会慰问辛劳奉献的志愿者们，大家都显得十分的激动与高兴，我跟着陶书记，看到的满是志愿者们最真诚的笑脸和最专业的服务，内心也是十分的骄傲与喜悦。

这次大会给了我磨砺，也给了我自信，让我认识到了自己的不足，同时也见到了大场面，一切的一切，真的都十分值得！

**志愿者感悟2**

**姓名：谭镕　班级：浙江工业大学　服务岗位：重要嘉宾联络服务**

### 秋有硕果　志有德清

自高中正式参加志愿者活动起，到如今已四年有余。我十分感谢浙江工业大学给我参加国际会议志愿者服务工作的机会，这使我有机会接触到地理信息领域最高规模的会议。

从参加志愿者出征仪式的那天起，一种崇高感就萦绕在我的脑海。这来自对国家的敬意与热爱、对志愿者身份的觉悟与关怀。志愿者之形象，不止于个人，它代表着浙江工业大学的学子情怀，代表着本次在中国德清举行的联合国世界地理信息大会的思想态度，也代表着中国这一代青年的精神风貌。这一点，当我幸运地作为本次志愿者代表，在闭幕式上接受联合国组委会对志愿者团队的感谢时感受更加强烈。

在联合国世界地理信息大会期间，身着志愿者服时，我会注重自己每一分每一秒的形象与谈吐。早起晚归，我们为志愿服务工作做好了充分的准备。我们思考一切流程，注重现有的材料收集，并猜想可能存在的需求。参加宴会时，作为重要嘉宾联络服务组的成员，我会注意宴会中的每一个角落，从对嘉宾的指引到落座，从菜品的摆放到菜肴材料的构成，每一个细节我都会在心中反复描摹，勾勒出应有的形状。

在过去参加的许多志愿者活动中，我不断摸索着志愿者这一角色。在本次活动中，我又拥有了新的体悟。通过这次活动，我接触到了很多大佬级别的人物。在接待他们时，他们会面带笑容地向我点头示意。那是一种气度与魅力，会在无形中让我对更美好的事物心生向往。当我开始倾听他们的对话时，我会产生对人生格局扩大的追求。虽是只言片语，但是我也深刻认识到，在这个时代，有这样一群人时刻关心着国家。而我，也开始不自觉地追逐更加美好而崇高的事物。

在准备的过程中，身边伙伴的支持与鼓励也使得我更有动力。在志愿者团队中，会遇到许多志同道合的朋友。大家来自不同的学校、不同的年级、不同的专业，但是因为同一个目标而相聚德清。在准备志愿者资料的时候，浓厚的学习氛围、严肃又欢快的气氛使我们紧紧地凝聚在一起。我们在未来都有不同的道路与方向，但是在那一刻，我们为了同一件事努力不懈。这份友谊格外珍贵。

这是我第一次成为国际大型活动的志愿者，未来很长，我期望着能在志愿青春的路上不断向前。

# 第三节 社会民生

习近平总书记在党的十九大报告中强调："永远把人民对美好生活的向往作为奋斗目标。"这里所说的"美好生活"，其实就是最大的民生。美好生活，有物质和精神两个方面；关注民生，就必须在满足人民物质生活与精神生活两个方面下功夫。

社会民生的志愿者，简单来说，就是解决与百姓生活密切相关的问题，最主要表现在吃穿住行、养老就医、子女教育等生活必需上面。民生问题也是人民群众最关心、最直接、最现实的利益问题。

# 一、春运暖冬

春运暖冬志愿服务是弘扬志愿精神，树立志愿品牌的重要途径，打造好春运"暖冬行动"志愿品牌不仅能为春运游客提供最温暖最全面的志愿服务，对一座城市的形象提升也具有重要意义。

## 案例分析

### （一）基本情况

案例名称：浙江省2018年春运"暖冬行动"

案例来源：共青团浙江省委

发起时间：2015年

服务内容：春运期间，积极动员广大青年志愿者和志愿服务团队，依托各地的火车站、机场、港口码头、道路客运站、高速公路服务区等重要场所，从春运旅客普遍需求出发，围绕秩序维护、引导咨询、便民利民、帮扶重点旅客、交通安全劝导、文明出行宣传、应急救援等方面集中开展志愿服务。

## （二）案例背景

2018年的春运时间为2月1日至3月12日，共计40天。为充分发挥志愿服务在春运工作中的作用，不断提升浙江省春运志愿服务工作水平，2018年春运"暖冬行动"以"青春志愿行　温暖回家路"为统一主题，面向春运旅客的普遍需求和老幼病残孕等重点旅客群体，依托火车站、机场、道路客运站、港口码头、高速公路服务区等场所，主要围绕引导咨询、秩序维护、重点帮扶、便民利民、应急救援等五个方面开展服务，动员和招募广大青年、高校学生、社会公益组织等投入春运志愿服务，共同营造平安出行、温暖同行的良好秩序和氛围。

## （三）发展情况

2018年春运"暖冬行动"中，共青团浙江省委按照工作要求，以"青春志愿行　温暖回家路"为主题，重点围绕五个方面（引导咨询、秩序维护、重点帮扶、便民利民、应急救援），精心组织，广泛宣传，充分发挥团的组织优势，动员广大志愿者尤其是团员青年、大学生积极参与春运志愿服务工作，确保旅客出行安全、便捷、顺畅，同时在服务中亮身份、展风采，传递青春正能量。

加强组织领导，健全工作机制。共青团中央联合国家发展改革委、交通运输部、公安部、国家安全生产监督管理总局、国家铁路局、中国民用航空局、中国铁路总公司、中华全国总工会印发《关于全力做好2018年春运工作的意见》（发改运行〔2017〕2274号），共青团中央书记处书记尹冬梅在全国春运工作启动电视电话会议上做了重要讲话，并以内部明电的方式下发了《关于进一步深化实施2018年中国青年志愿者服务春运"暖冬行动"有关工作的通知》《暖冬行动工作手册》《暖冬行动培训指导手册》，加强了对春运志愿服务工作的规范和指导。团省委进一步协调整合资源，与省春运办、省公安厅、省交通运输厅、省禁毒办、民航监管局、杭州铁路办事处等单位建立了良好的沟通协调机制。

加强服务管理，形成工作声势。依托"志愿汇"平台，开展春运志愿者的招募、管理工作，实现春运志愿服务的项目化和信息化运行，省级平台集中发布了各地"暖冬行动"的报名渠道，便于志愿者参与其中。

加强阵地建设，打造品牌项目。在各地火车站、机场、道路客运站、港口码头、高速公路服务区等场所设置春运志愿服务站点，其中全年常设阵地137个，春运临时阵地263个，提供多种特色项目，为返乡人群提供全方位的志愿服务，共青团省委与省禁毒办合作，打造"温暖回家路、无毒最幸福"的特色禁毒宣传服务品牌，营造和谐春运、平安春运氛围。

## （四）主要成果

2018年春运"暖冬行动"项目，共计组织37 614名志愿者在全省火车站、机场、地铁、道路客运站、港口码头、高速公路服务区等站点设立了1783个志愿服务岗位，开展志愿服务时长达402 720小时。此外，全省各地市还积极通过专项资金、赞助合作等方式提供支持，全省共筹集各类物资款项78.336万元。据不完全统计，中央电视台、新华社、中国青年报、中国青年网、浙江日报、钱江晚报、青年时报、浙江在线、浙江卫视等中央、省、市媒体发表相关报道180余篇；组织方通过微信公众号、团属微信群、微博等推送活动信息，共发布推送微信236篇、微博201条，在各地营造了省市县共青团、志愿服务组织积极参与春运志愿服务的良好氛围，提升了"暖冬行动"的整体影响力。

# 二、矛盾调处

当今社会人民间需要调解的矛盾日益增多，矛盾调处旨在第一时间、第一地点，低成本、高效率地化解矛盾纠纷，及时掌握社会动态，制定工作措施和实施意见，向政府部门提出决策建议，及时化解各类矛盾纠纷和群体性上访事件。

## 案例 分析

### （一）基本情况

案例名称：青年志愿服务助力矛盾调解

案例来源：共青团嵊州市委

发起时间：2020年8月

服务内容：社区矛盾调处，信访引导接待工作。

### （二）案例背景

自2020年8月嵊州市社会矛盾纠纷调处化解中心运行以来，共青团嵊州市委积极行动，聚焦基层治理需求，着力提升青年工作的贡献度，努力打造"青年志愿服务助力矛盾调解"项目。

## （三）发展情况

1.青年志愿服务与矛调中心同步启动运行

2020年8月3日，在市社会矛盾纠纷调处化解中心试运行之际，共青团嵊州市委招募四名大学生志愿者协助信访工作人员开展引导接待工作。在为期一个多月的暑期时间里，大学生志愿者们以热情接待、认真协助的工作态度引导来访人员。2021年，共青团嵊州市委将常态化开展大学生志愿者服务矛调中心行动，为大学生志愿者们开辟接触信访志愿服务的大通道，引导大学生真心实意地协助信访接待员为广大民众办好事、办实事，将所学所思付诸社会大实践当中。

2.推动12355青少年心理咨询服务热线进驻矛调中心

共青团嵊州市委创新建立矛调中心12355热线，组织志愿服务人员常态化开展热线接听工作，制定并出台嵊州市12355心理咨询热线管理制度，明确热线受理范围、热线受理原则、诉求办理原则和保密要求等，确保热线实现闭环高效运作。同时，结合平安建设考核工作，以团市委12355心理咨询热线运行为契机，要求全市五类重点青少年帮扶人在走访被帮扶对象时，及时传递12355热线开通这一讯息，引导重点青少年遇到心理和法律类咨询问题时，第一时间拨打热线，为全力做好青少年心理疏导和法律咨询援助，以及重点青少年帮扶和权益维护工作打造平台支点。

3.广泛发动团代表、青联委员、青年社会组织等青年志愿服务力量助力基层社会治理

2021年3月，共青团嵊州市委以共青团基层组织改革省级专项试点为契机，结合"一专一站两联"建设工作，通过对"青年之家"赋能，打造了包括"青年治理之家"在内的八个特色青年之家，培育了一批青年工作带头人，团建骨干也成了青年之家"大管家"；在"青年之家"同步成立了团代表联络站，组建团代表社会治理专项小组，团代表纷纷响应号召进驻联络站。在这里，"大管家"与来自不同领域的团代表、青联委员们，利用自己的专长为矛盾调处工作的开展提供"菜单式"的服务。

## （四）主要成果

嵊州市社会矛盾纠纷调处化解中心的青年治理之家已成立四支志愿服务队伍：以大学生为主体，服务办事群众登记引导的"志愿帮"；以军警政法界别青联委员为主体，开展诉讼服务、劳动仲裁、心理缓解等多元调解服务的"调解队"；以市直机关和乡镇团干部、青年志愿者为主体，开展信访代办"六跑"服务（平台整合网络跑、镇村干部代理跑、专业人士帮助跑、社会组织参与跑、调解中心精准跑、青年干部主动跑）的"跑小青"；以团代表与所有参与矛调中心工作的青年群体为主体，为完善矛调中心建设建言献策及帮助社会组织对接资源的"智囊团"。通过在矛调中心打造"青年治理之家"、在和美社工机构打造相应站点，来自不同领域的团代表、青联委员们利用自己的专长在矛盾化解中充分展现青年的力量。

# 三、社区矫正

社区矫正志愿者是社区矫正工作中的一支重要力量。社区矫正志愿者的主要任务是与社区矫正责任人、监督人组成帮教小组，协助社区矫正机构组织开展对社区矫正对象的法治、道德、文化等方面的教育及其他日常帮教工作；积极提供社区矫正对象信息，共同做好个案矫正工作，参与对社区矫正对象矫正情况的评估；协助社区矫正机构及工作人员做好对社区矫正对象的监督管理、教育矫正、奖惩考核等工作；积极反映并帮助解决社区矫正对象工作、生活、学习等方面的实际困难和问题。

## 案例分析

### （一）基本情况

案例名称："点亮微光，飞扬青春"——涉罪未成年人帮教志愿服务项目

案例来源：宁波市人民检察院

发起时间：2017年5月

服务内容：该团队秉持儿童利益最大化的理念，以保护性司法为宗旨，推行谦抑宽容、刚柔并济的方式，延伸触角，内外联动，开展未成年人犯罪预防、权益保护和帮教挽救工作。

### （二）案例背景

宁海县平均每年有80名左右的涉罪未成年人，人数较多，他们普遍存在认知偏差、自我意识较强、犯错后更多地寻找外因等问题，缺乏相应的理想教育及家庭教育，并且犯罪后他们更多的是怕社会无法接纳他们。

涉罪未成年人帮教是检察院未成年人检察部门的工作内容之一，但是宁海县检察院未成年人检察部门只有一名检察官，办案压力繁重，无力承担对涉罪未成年人的帮教工作。在宁海当地，该帮教工作的社会认同度和受重视度不足，社会公众对未成年人实施的危害社会秩序、侵害他人权益的行为深感不安。宁海县也没有一家专门的社会机构有能力帮教涉罪未成年人，现有社会观护机构的观护人员大多是某些社会组织中的志愿者或工作人员，不具备相关的理论知识，缺乏专业性和稳定性。在现在的帮教过程中，社会参与力量不足，帮教效果较差。最严重的是，因缺乏帮教条件，致使部分未成年人被羁押，这会产生司法不公的问题。

## （三）发展情况

宁海县"检爱"未成年人志愿服务队成立于2017年5月22日，是浙江省宁海县人民检察院为践行绿色司法和保护性司法理念，增强未成年人健康成长法治保障而决定成立的志愿服务团队。该团队秉持儿童利益最大化的理念，以保护性司法为宗旨，推行谦抑宽容、刚柔并济的方式，延伸触角，内外联动，开展未成年人犯罪预防、权益保护和帮教挽救工作。

该团队对宁海县域内的涉罪未成年人，包含处于附条件不起诉考察期内、相对不起诉前的涉罪未成年人有着丰富的帮教经验；同时对10名附条件不起诉未成年人及其父母开展亲子教育，引导他们注重亲情交流，协助他们进行亲子关系恢复。

## （四）主要成果

第一，获得2019年度宁波市新时代文明实践志愿服务项目大赛金奖。

第二，2017年以来为25名处于附条件不起诉考察期内的未成年人，区分不同情况提供针对性帮教志愿服务，其中5名孩子恢复入学或找到工作，其余20名孩子也均顺利回归社会。

第三，编制了《青少年自我防护》宣传手册，通过学校、社区、村委会等发放到未成年人及其他弱势群体手中，提升他们的防范意识。

第四，制作了模拟法庭剧本、辩论赛剧本，还制作了"法制课堂"教案（小学版）、"法制课堂"教案（初中版）、"法制课堂"教案（高中版），向宁海县10余所学校进行了推广，获得了学校师生的一致好评，该做法被宁海县多家媒体报道。

第五，针对涉罪未成年人及其家长、老师开展普法教育70余次，受益人员达到10 000余人次。

# 四、环境保护（垃圾分类，水气共治）

环境保护主要分为垃圾分类、水气共治等。志愿者努力引导居民树立生态环保意识，普及并提高民众环保意识。这是一种呼唤、一种督促、一种倡导，更是一种行动。志愿者通过努力使环保理念深入全社会，用行动保护我们赖以生存的自然环境，美化我们的共同家园。

**案例**分析

## （一）基本情况

案例名称：垃圾分一分　平湖美十分

案例来源：平湖市综合行政执法局

发起时间：2014年

服务内容：为推进平湖市垃圾分类工作进程、普及垃圾分类知识，平湖市城管志愿者协会通过垃圾分类进社区、进学校、进医院、进企业等志愿服务活动开展垃圾分类宣传，开设垃圾分类公益课堂，并进行成效督察。

## （二）案例背景

"垃圾分一分　平湖美十分"项目主要解决平湖市垃圾分类普及度与运用度不够的社会问题，这一问题产生的原因是目前平湖市市民对垃圾分类政策不够了解，未养成分类的良好习惯。垃圾分类是一个涉及千家万户的民生工作，可以减少占地、减少环境污染、促进资源再利用。为推进平湖市垃圾分类工作进程、普及分类知识，平湖市城管志愿者协会通过垃圾分类进社区、进学校、进医院、进企业等志愿服务活动开展垃圾分类宣传，开设垃圾分类公益课堂，并进行成效督察，逐步培养广大市民的垃圾分类意识和习惯，使广大市民更深入了解垃圾分类的重要性和意义，让"绿色、低碳、环保"的理念深入人心，促使服务对象积极参与到实践垃圾分类的行动中来，让垃圾分类工作渐渐地走进千家万户，走进市民的心里。

## （三）发展情况

"垃圾分一分 平湖美十分"项目于2014年4月确立，以"创建美丽金平湖，你我共同来参与"为宗旨，涉及扶贫帮困、节能环保、社会管理、生态建设、居家养老等方面的志愿服务活动。为倡导志愿者义务服务精神，带动社会各阶层广泛参与到城市管理中，增进城市执法管理队伍与市民的关系，强化人民群众在城市管理中的主人翁意识，提升城市整体文明程度，成立平湖市城管志愿者（义工）协会。该协会下属团委被共青团嘉兴市委员会评为"2017年度嘉兴市先进团委"；该协会荣获2016年度、2017年度平湖市志愿服务工作先进集体荣誉称号；协会志愿者李佳金被嘉兴市人民政府授予"2016年度嘉兴市优秀城市管理与综合行政执法志愿者"称号；协会志愿者杨清扬被授予"2016年度嘉兴市优秀城市管理与综合行政执法志愿者"称号；同时，潘照红、张婷婷、张昱等20余人获得平湖市级优秀志愿者荣誉称号。

协会旨在以举办公益活动为契机，吸收一批有较强责任心和管理能力的志愿者到协会管理层中，扩大志愿者数量，稳定志愿者质量。通过长期服务，逐步建立团队社会管理及生态建设方面的志愿服务品牌特色。

此外，"垃圾分一分 平湖美十分"项目主要分为垃圾分类进社区、进学校、进医院、进企业四大子活动。针对垃圾分类进社区，该协会通过在社区人口集中区域进行垃圾分类知识展板宣传、在社区大屏幕播放垃圾分类公益宣传片、向沿街店铺及居民发放宣传折页、进行垃圾分类现场模拟投放、派督察员进社区指导居民分类等形式开展活动；针对垃圾分类进学校，该协会通过向小学生开设垃圾分类公益课堂、现场制作环保酵素教学、旧物改造教学、现场垃圾分类模拟投放等形式开展活动；针对垃圾分类进医院，该协会通过在门诊大厅进行酵素制作宣传、垃圾分类现场模拟投放、进病房及办公室宣传分类知识、折页发放等形式开展活动；针对垃圾分类进企业，该协会通过环保酵素现场制作教学、垃圾分类现场模拟投放、折页发放等形式开展活动。

该协会通过长期的志愿服务活动，引领带动更多的社会组织、机关单位加入志愿者的行列，共同为平湖市垃圾分类工作做贡献，让垃圾分类成为平湖市市民的一种风尚、一种习惯；同时，发挥协会在垃圾分类方面的业务优势，打造协会垃圾分类志愿服务品牌。

通过开设小学生公益课堂，在活动中运用PPT讲课、垃圾分类模拟投放互动游戏更好地传递垃圾分类的知识，进而对小朋友的家长、身边的朋友进行宣传与影响，形成"人人懂分类、人人爱分类"的良好风尚。通过酵素制作教学、旧物改造教学等环节向广大市民传播环保理念，让他们形成垃圾分类的良好意识。通过垃圾分类进社区、进学校、进医院、进企业现场宣传活动，与市民进行互动，进而引导市民在生活中开始对垃圾进行分类并养成习惯。

## （四）主要成果

该项目运行一年后，服务团队拥有核心人员20余人、志愿者261人，此项志愿服务活动长期开展，以推进"美丽县城"建设为目标，助力全市"四大工程"建设，助力全国文明市创建。截至2018年12月，该协会共开展30余次活动，足迹遍布全市20余个社区、2所学校、2所医院、4家企业等，参与人员达300余人次，服务对象达1000余人次，通过垃圾分类模拟投放、现场制作环保酵素教学、旧物改造教学、垃圾分类桶制作、展板宣传、公益片播放等形式向广大市民传播环保理念，使市民形成垃圾分类的良好意识。该协会积累了较为丰富的垃圾分类方面的志愿服务经验，赢得了社会广泛赞誉，该项目成为平湖市综合行政执法局志愿服务的一张名片，形成了一定的志愿服务品牌效应。

# 第四节 文明宣传

文明宣传志愿服务是志愿服务的重要组成部分，是繁荣基层文化、丰富人民群众文化生活的有效途径，推动着公共文化体系构建、社会主义核心价值体系建设。党中央十分重视文明宣传志愿服务的发展，10年内发布了多个相关文件以指导和规范文化志愿服务工作。2012年，文化部、中央文明办下发《关于广泛开展基层文化志愿服务活动的意见》，有力推动了基层文化志愿服务的发展。2016年，文化部制定了《文化志愿服务管理办法》，以促进文化志愿服务规范化、制度化管理。2018年7月，中共中央办公厅印发《关于建设新时代文明实践中心试点工作的指导意见》，文件指出新时代文明实践中心建设将以志愿服务为基本形式，围绕宣传科学理论、宣讲党的政策、培育主流价值、活跃文化生活、深入移风易俗开展志愿活动。2020年，中央文明办下发《关于组织实施科技志愿服务"智惠行动"的通知》，旨在大力推进科技志愿服务，促进科技志愿服务制度化、规范化、常态化发展。这些政策为文化志愿服务事业发展注入强大动力，促进了文化志愿组织蓬勃发展。

与其他志愿服务相比，文明宣传志愿服务更突出文化性、艺术性，也常常带有价值引领和价值导向的作用，对志愿者的文化和艺术素养要求较高。文明宣传志愿服务领域主要包括：一是依托公共文化设施开展公益性文化服务。志愿者以公共图书馆、博物馆、文化馆、美术馆、科技馆和革命纪念馆为平台，提供讲解导览、文化展览、专题讲座、文化培训、文化宣传、文艺演出、文创研发、信息咨询、秩序维护等服务，增强公共文化设施的综合服务能力，丰富群众精神文化生活。二是围绕文明城市、文明村镇、文明家庭创建开展以文明行为普及、文明生活方式倡导为目标的公益性文化服务，服务内容为倡导文明出行、文明就餐、文明旅游、文明上网、垃圾分类等。三是为欠发达地区提供文化支持服务，促进欠发达地区文化事业发展，提高当地民众思想文化素质和科学文化水平。四是为老年人、未成年人、残疾人、农民工和生活困难群众等特殊群体提供辅导培训、讲座、文艺演出等公益性文化服务。五是提供心理咨询、法律援助、技能培训等专业服务。

# 一、禁毒防艾

毒品和艾滋病是全球面临的重大社会问题和公共卫生问题，关乎民众健康、经济发展和社会稳定。当前我国禁毒防艾形势依然严峻，新型毒品不断出现，并向大学校园滋生蔓延，同时青年学生艾滋病患者数量也呈上升趋势。因此，深入开展禁毒防艾工作具有重要意义。在禁毒防艾工作中，宣传教育是基础性也是最为重要的一项内容。志愿者在禁毒防艾宣传教育工作上参与度高且有突出贡献。禁毒防艾志愿者通过走进农村、社区、校园、家庭，开展讲座、公益演出及拍摄公益宣传片等宣传教育活动，提高群众远离毒品、预防艾滋病的意识，使珍惜生命、远离毒品、预防艾滋病理念深入人心。禁毒防艾志愿服务内容也在实践中不断拓展，志愿者除了开展禁毒防艾宣教工作，还为受毒品或艾滋病侵害的人员提供生活关爱、心理辅导、行为矫正、法律咨询等服务。

**案例** 分析

## （一）基本情况

案例名称：无毒青春　益路护航

案例来源：温岭市火炬禁毒志愿服务中心

发起时间：2016年

服务内容：依托禁毒实践基地，开展"学生毒品预防同伴教育"项目，针对青少年进行毒品预防宣传教育。宣传教育主要通过禁毒宣讲、禁毒文艺演出、禁毒知识竞赛、制作公益禁毒文艺作品等形式进行。

## （二）案例背景

新型毒品在我国蔓延势头迅猛，加之青少年好奇心重、抵制能力弱，越来越多的青少年走上吸食毒品和毒品犯罪之路。面对严峻的毒品形势，加强青少年毒品预防教育至关重要。2016年，国家禁毒委员会办公室会同中宣部、公安部、教育部等十四个部门联合制定《全国青少年毒品预防教育规划（2016—2018）》，支持和鼓励社会力量参与青少年毒品预防教育和涉毒青少年教育帮扶工作，并对禁毒志愿者数量做了明确要求。在国家政策的引导与支持下，关于青少年毒品教育与涉毒青少年帮扶志愿服务快速发展。禁毒志愿服务组织在志愿服务项目推进中与禁毒、公安、民政等政府部门建立了良好的合作关系，使各类资源得以整合，并形成合力。

台州市禁毒形势十分严峻，是全国毒品治理的重点城市，在册吸毒人数位居浙江省前列。在不断增多的吸毒者中，青少年所占比例居高不下。从查获的情况看，青少年吸毒占比在70%以上，最小的吸毒人员仅12岁。在台州市内，温岭市毒品覆盖面最广。面对严峻的禁毒形势，温岭市积极推进禁毒工作，并整合社会资源参与禁毒工作。温岭市火炬禁毒志愿服务中心是温岭市最为活跃的禁毒志愿服务组织之一。该组织以"接力虎门销烟火炬，致力禁毒文化传道"为己任，注重毒品预防教育及帮教实效。

## （三）发展情况

"无毒青春　益路护航"项目为温岭市火炬禁毒志愿服务中心开展的一个针对青少年进行毒品预防宣传教育的志愿服务项目。项目依托禁毒社会工作专业实践基地，联合杭州师范大学社会学院，通过创新读本教材、改进青少年毒品预防宣传教育方式、丰富毒品预防教育的内容，进行青少年毒品预防宣传教育。项目的主要目标是运用小组工作方法改变传统的青少年禁毒（防艾）宣传教育，加大对青少年生活技能及良好行为习惯养成的培养，构建学校、社会组织、社区多元主体参与的禁毒（防艾）预防教育联盟，帮助青少年树立正确的人生观、价值观。项目的主要服务内容为：一是制作禁毒文艺作品。自主制作系列禁毒防艾公益广告和原创公益歌曲《禁毒火炬》MV，并将歌唱公益歌曲纳入全市中小学校禁毒宣传"六个一"活动。二是开展禁毒宣传教育活动。以"禁毒示范学校"创建为载体，组织禁毒文艺演出、禁毒书画比赛、禁毒师资青蓝结对活动等。三是拓展学校毒品预防教育"第二课堂"。依托市中小学生禁毒教育基地和青少年宫禁毒教育科技馆，对接杭州师范大学成立实践基地，创新推广"学生毒品预防同伴教育"项目。具体活动情况见表2-2。

表 2-2：2019 年"无毒青春　益路护航"项目主要活动一览表

| 活动项目 | 活动内容与形式 |
|---|---|
| 全市禁毒社会工作技能素质培训 | 活动内容：社会工作专业理念、知识、方法等业务素质与技能水平培训<br>活动形式：授课出勤＋课程作业＋笔试 |
| 全市禁毒（防艾）文艺巡演进学校 | 活动内容：禁毒（防艾）主题文艺巡演<br>活动形式：文艺演出＋知识抢答 |
| 特色项目培育 | 培育箬横镇"'青蓝外展'禁毒首席安全官"、城西街道"无'毒'有'我'　成长护航"、新河镇"'毒'善其身　益路前行"、松门镇"安居乐业　'毒艾'其外"等多个特色演讲、征文、文艺演出项目 |

## （四）主要成果

项目在政府职能部门、高校、社会组织的跨界合作上开展，实现了各类资源的有效整合。项目创新青少年毒品预防教育方式，采用同伴教育成长小组工作方式，把毒品预防教育和成长教育相融合，从根本上提高学生的识毒、防毒及拒毒能力。项目在进行毒品预防教育的同时也培育了一支校园禁毒宣传队伍——青少年"禁毒讲师"。这些在项目中成长起来的学生成了校园禁毒宣传的重要力量。

项目还制作完成多个具社会影响力的禁毒文化作品：完成主题公益宣讲普及教案，且该教案被评为台州市"十佳优秀禁毒课件"；制作多个禁毒宣传公益广告、微电影、原创歌曲等文化作品，且部分作品入围2018年度台州最具影响力网络文化作品、最具影响力网络公益贡献奖，还有作品获2019第七届CCTV新春原创音乐会金奖等。

## 二、文化服务

随着我国精神文明建设和公共文化服务体系建设的加强，文化志愿服务在10年内得到迅速发展。文化志愿服务被逐步纳入各级政府公共文化服务范畴，成为公共文化服务供给的重要补充力量。2015年，中共中央办公厅、国务院办公厅印发《关于加快构建现代公共文化服务体系的意见》，在文件中提出要大力推进文化志愿服务，坚持志愿服务与政府服务、市场服务相衔接，奉献社会与自我发展相统一，社会倡导和自愿参与相结合，构建参与广泛、内容丰富、形式多样、机制健全的文化志愿服务体系。2016年7月，文化部下发了《文化志愿服务管理办法》，以推动文化志愿服务规范化、制度化，构建参与广泛、内容丰富、形式多样、机制健全的文化志愿服务体系。文件中对文化志愿者的权力与职责、文化志愿服务组织单位职责、文化志愿服务内容等做了明确规定，为文化志愿服务开展提供了执行标准。2016年10月，中宣部、中央文明办等七个部门共同印发《关于公共文化设施开展学雷锋志愿服务的实施意见》，要求以公共图书馆、博物馆、文化馆、美术馆、科技馆和革命纪念馆为平台，稳步推进公共文化设施志愿服务站点建设。在这些政策的指导和支持下，文化志愿服务迅速发展，有效弥补了政府公共文化服务供给不足，更好地满足了人民群众日益增长的精神文化需求。

文化志愿服务旨在为社会和他人提供公益性文化服务，主要依托公共文化设施开展文化展演、展示、展览和讲座论坛等活动。《文化志愿服务管理办法》中对文化志愿服务的范围做了归纳，主要包括：①在公共图书馆、文化馆（站）、博物馆、美术馆等公共文化设施和场所开展公益性文化服务；②深入城乡基层开展文艺演出、辅导培训、展览展示、阅读推广等公益性文化服务；③为老年人、未成年人、残疾人、农民工和生活困难群众等提供公益性文化服务；④参与基层文化设施的管理和群众文化活动的组织等工作；⑤参与文化行政部门和文化单位开展的文化遗产保护、文化市场监督等工作；⑥开展其他公益性文化服务。

**案例**分析

## （一）基本情况

案例名称：美美讲堂

案例来源：中国美术学院志愿服务队

发起时间：2008年

服务内容：为民众开设国画、书法、油画、版画、扎染、篆刻艺术鉴赏类、非物质文化遗产体验等艺术课程。编著美育教材、打造线上艺术课程，将艺术公益课堂带进社区、学校、医院、偏远山区、"一带一路"国家，让更多人享受文化服务，了解中国传统文化。

## （二）案例背景

高校志愿组织一直是文化志愿服务提供的主力军。各个高校结合学校特色、学科背景、专业优势积极开展文化志愿服务活动，在培养学生奉献精神和社会责任感的同时促进我国精神文明建设。中国美术学院在开展文化服务志愿活动上有着突出的学科优势。2005年，中国美术学院成立青年志愿者协会，依托学院湖山精神，践行"美境、美育、美心"之"三美"理想，结合自身优势积极开展志愿服务。在校团委指导下，学校青年志愿者协会将学校艺术专业学科特色融入志愿服务活动中，打造出多个优质公益志愿服务项目，服务范围涵盖社会美育、艺术扶贫、设计改造等。

## （三）发展情况

"美美讲堂"是中国美术学院打造的一个艺术公益课堂，旨在公益普及美育，让艺术走进社会百家。该项目源自2008年中国美术学院的社会实践，于2015年正式得名。在项目建立初期，主要通过支教为偏远地区儿童提供美术课程服务。为提升公益品质，提高服务能力，项目负责人组建讲师团队，研发教材、录制视频课程、培养志愿者讲师，提高公益课程质量，稳定授课志愿者的教学水平，不断打造"美美讲堂"服务品牌。

为解决志愿服务过程中上课内容不固定的问题，"美美讲堂"项目组决定开发一套专业的公益教材来培养专业型的志愿者，以便志愿者更系统、更优质地参与到文化志愿服务中去。2015年，"美美课堂"项目组组建了儿童美育教材研发团队，正式成立大家小书编委会。编委会成立后编写了《大家小书·千字文》《大家小书·花鸟鳞介编》《大家小书·篆刻编》等系列教材，两次获得"金牛杯"优秀美术图书奖。2016年，项目组与阿里巴巴达成合作，共同开启了"梦是彩色的"中国农村留守儿童艺术梦想成长计划。项目组研发录制艺术专业视频课程，并以阿里农村淘宝服务站点为突破口，为农村留守儿童提供在线观看学习课程的机会。2016年8月至2017年8月，项目组成员结合国际志愿活动，发起"'一带一路'上的大家小书"项目，以"大家小书"系列教材为载体，通过公益艺术课等方式，在"一带一路"沿线国家推广中国传统文化，让外国友人更好地了解中国绘画、中国书法、中国篆刻、中国版画等传统文化。2018年，"美美讲堂"项目组发起"1+100"公益项目，将"美美讲堂·果蔬编""美美讲堂·千字文"等特色美育课程普及到100所中小学，为学生提供丰富多彩的艺术课堂。目前该项目已走进杭州各个区50多个中小学，并将辐射范围扩展至项目支教服务地（云南省普洱市景东彝族自治县景东职业高级中学、贵州省黔东南苗族侗族自治州从江县岜扒小学）。

## （四）主要成果

中国美术学院志愿服务队将"美美讲堂"项目作为品牌项目进行打造，并期望通过此项目普及社会美育。10余年来，"美美讲堂"项目组不断扩展服务范围、丰富服务方式，孵化出"名家进校园""艺术周末"等7个子项目，制作出版"大家小书"系列儿童美术教材5套，上线公益视频课程400集，等等。项目将弘扬传统文化艺术课程普及到贵州、云南、新疆、湖南等省份和浙江省淳安、景宁、丽水等几十个浙江农村地区。截至目前，项目志愿者们在各地乡村累计开设了百余次国画、书法、创意手工等艺术体验课程，课程受益人数达110 000余人，参与授课志愿者达16 500余人次。"美美讲堂"项目作为国家艺术基金传播交流推广项目立项，被评为"全国最具影响力的暑期社会实践项目"，项目组被评为"浙江省志愿服务先进集体"，获得"创青春"双创杯全国大学生创业大赛公益赛道银奖等荣誉。

# 三、专业宣教

专业宣教志愿服务指具备一定理论基础或法律、教育、心理等领域专业知识与技能的志愿者利用所知所能开展宣传、培训、辅导等志愿服务活动。

专业宣教志愿服务的内容主要分为两类：一是为增强民众思想观念、科学文化素养、法治观念，以宣讲为主要形式，开展理论和形势政策宣传、科学普及、法律普及等志愿服务。随着新时代文明实践中心建设工作的推进，此类志愿服务队伍也愈发庞大。至2020年，浙江省已形成400余个基层特色宣讲团，以各种形式宣传党的政策理论。如诸暨市在新时代文明实践中心建设过程中，充实市委宣传团，建立新时代"枫桥经验"宣讲团、基层宣讲团，开设"微课堂""微宣讲""微直播"，让党的理论"飞入寻常百姓家"。二是提供技能培训、心理援助、法律服务等专业服务。如湖州博爱社会工作服务中心开展的"点亮'小橘灯'"——关爱困境儿童心理健康项目，为社区服刑人员的子女、单亲家庭且抚养人亲职能力偏弱的青少年儿童提供心理咨询与辅导服务。

## 案例 分析

### （一）基本情况

案例名称：南湖先锋　扬帆行动
案例来源：嘉兴市南湖区司法局
发起时间：2008年
服务内容：一是开展普法宣传教育工作，特别为农民、老年人、未成年人、新居民等法律知识较缺乏的群体普及法律知识。二是提供法律咨询、代写文书等法律服务，推进公共法律服务体系建设。主要包括为企业提供法律体检、法律意见或风险提示等服务，为村民、居民提供法律咨询、矛盾纠纷调处等服务。

### （二）案例背景

随着法治建设的深入，民众知法、懂法、守法、用法的意识不断增强，对公共法律服务的需求也不断提高。嘉兴市南湖区司法局以群众需求为工作导向，深入推进全区公共法律服务体系建设。在建设公共法律服务体系时，该局充分发挥社会力量，以志愿服务推动公共法律服务效能提升。

## （三）发展情况

2012年，嘉兴市南湖区司法局提出了打造"法治阳光"服务品牌的目标，制定了志愿服务方案，提出了法律服务助推经济转型发展、法律援助服务保障民生、法治宣传教育推进"法治嘉兴"建设的三大任务。"法治阳光"志愿服务项目以司法行政系统青年干警、青年律师、公证员、司法鉴定人为主要成员，通过组织全市司法行政系统青年普法志愿者队伍，为群众、各类组织和民营企业提供免费的公共法律服务，包含法律咨询、法律援助、法治讲堂等。

2013年，嘉兴市南湖区司法局整合全市法律服务资源，推出"南湖先锋"法律服务项目。该项目以300名律师组成的"南湖先锋"党员律师服务团为志愿队伍，以团队化、订单式服务模式，推进法治建设，促进社会和谐，助推经济发展。"南湖先锋"党员律师服务团根据不同的服务对象和服务内容组建"领军人才企业、双强联盟企业、台资企业、禾商企业""五水共治""三改一拆"及金融风险防范等8个专项服务团，围绕党委政府中心工作提供法律服务。为推进浙商创业创新和中小企业转型升级，"南湖先锋"党员律师服务团创新开展"三百行动"，为企业提供法律体检、法律咨询、法律讲座，建立法律健康档案，出具法律风险提示函等服务。为推进基层社会治理，"南湖先锋"党员律师服务团以"一村一社区一法律顾问"为载体，为村民提供优质法律服务。

为充分发挥法律服务项目的品牌效应，嘉兴市南湖区司法局将"法治阳光"和"南湖先锋"2个品牌整合提升，2019年起正式更名为"南湖先锋 扬帆行动"法律志愿服务项目。"南湖先锋 扬帆行动"法律志愿服务项目旨在为群众、各类组织和企业普及公共法律知识及提供相关的法律服务。实施方式主要为进社区、进广场、进学校、进企业开展"宪法法律十进"活动，开设普法大讲堂，举办"模拟法庭"，建立"以案释法"平台，担任企业法律顾问，为企业开展"法治体检"，等等。2020年，该项目志愿服务团队紧紧围绕疫情防控工作开展志愿服务。志愿者在疫情暴发初期制作"宅家学法"普法宣传视频，在当地公众号推广，向民众普及《传染病防治法》等法律；后又成立由青年党（团）员律师组成的"疫情防控公益服务工作队"，为全市商协会、企业、企业员工、台胞台属和侨胞侨属防控新冠疫情提供法律服务，助力企业复工复产。

## （四）主要成果

"南湖先锋 扬帆行动"法律志愿服务项目组会根据当地经济社会发展需求及时调整服务内容与服务对象，紧紧围绕政府中心工作开展活动。并且，会根据志愿服务活动需要专门组建志愿者队伍。项目组曾组织307名志愿者服务"三改一拆"大行动，招募100名执业律师为企业提供法律服务，在新冠疫情防控期间组织150人成立疫情防控公益服务工作队；为"五水共治"、"三改一拆"、打造法治化营商环境、基层法治建设等政府中心工作提供了法律服务保障。在参与打造最佳法治化营商环境专项行动中，项目组共为738家民营企业提供法治体检并出具法律意见书754份，为全市民营企业特别是小微企业健康发展提供了优质的法律服务。项目组还以"一村一社区一法律顾问"为载体，为村民提供优质法律服务，推进当地基层社会治理。项目组获得"2013年嘉兴市优秀志愿团队"称号，该项目被评为"2019年度优秀'知行者+'志愿服务项目"。

# 第五节  助医救护

助医救护志愿服务有利于促进医疗卫生事业发展和医疗卫生资源均衡分配及提高人民群众健康水平，直接关系到人民福祉和社会的和谐稳定。浙江省紧紧围绕县域医共同体改革和"最多跑一次"改革，在卫生健康领域广泛开展志愿服务，着力解决卫生健康领域的发展不平衡不充分问题，增强人民群众对医疗服务的获得感。目前浙江省在助医救护类志愿服务方面，志愿者群体不断扩大，志愿服务更加全面，创新打造了"健康浙江青春力量"志愿服务品牌，涌现出"健康直通车""健康脱口秀"等特色鲜明、内涵丰富、形式新颖、效果显著的服务载体。

助医救护志愿服务内容主要为：①恤病助医。为提升医疗服务质量和水平，构建和谐医患关系，以卫生医疗机构为主阵地，开展导医导诊、咨询服务、医患调解、住院陪护、人文环境营造等志愿服务。②血液、器官捐献。为保障医疗用血和促进医学事业发展，开展无偿献血或捐献器官等志愿服务。③健康促进。为普及医疗保健知识与技能，提升民众健康水平，开展健康知识宣传、健康讲座、急救技能培训等服务。④健康扶贫。针对医疗卫生服务基层薄弱地区或弱势群体开展专业医疗援助或培训等。⑤关爱特殊病患家庭。针对某一类疾病患者或患者家庭提供咨询、护理和康复指导等。⑥在突发事件发生时，开展应急救援。

# 一、导医服务

导医志愿服务是在医疗服务改革和导医需求增加的双重影响下产生的。为了缩短患者就诊时间，提高患者对医院服务的满意度，导医志愿服务应运而生。浙江省结合"最多跑一次"改革，在医疗卫生领域积极推广志愿服务，在医疗机构设立医务社工部门，制定并完善志愿者管理相关制度，根据医院特色和需求设立志愿者专业化岗位，加强志愿者岗前及日常培训与考核。目前，浙江省已实现志愿者服务覆盖所有二级以上医院。

导医志愿服务的内容主要有：①为患者介绍医院科室分布和门诊楼层布局，进行就诊位置引导。②指导就诊流程，帮助患者看懂申请单、预约单、挂号单、导引单、处方等就诊提示。③向患者介绍如何使用自主机、如何进行网上预约挂号、如何查询和打印检验报告。④帮助行动不便患者，直接引领患者就诊。⑤在就诊高峰时引领、疏导患者，维护就诊秩序。⑥解答患者疑问，应对挂号就诊时的突发情况，在无法解答或处理问题时，将患者带领到相关部门。

**案例** 分析

## （一）基本情况

案例名称："医路有我"

案例来源：浙江海洋大学东海科学技术学院青年志愿者协会

发起时间：2010年

服务内容：为舟山医院、舟山市妇女儿童医院等7家医疗机构提供就诊患者门诊导医服务。

## (二) 案例背景

　　舟山市各级医疗机构十分重视患者的就医体验，积极开展改善医疗服务行动。作为医院"第一窗口"的门诊引导服务被放在重要位置。但是，医务人员的力量无法满足患者基数巨大的门诊导医需求，医疗机构对志愿者的需求缺口急需社会力量补充。因此，医院积极寻求合作伙伴，共同推行导医志愿服务。浙江海洋大学东海科学技术学院作为浙江省首批"加强应用型建设试点本科院校"，注重培养实践能力强、综合素质高的应用型人才。校团委力图通过志愿服务加强人才培养，让学生在志愿服务过程中增长才干。学院通过"暑期三下乡社会实践"与医院搭桥连线，实行"校地"合作。2010年，浙江海洋大学东海科学技术学院与舟山市妇幼保健院正式签订合作协议书，共同开展"医路有我"温情导医志愿服务项目。

## (三) 发展情况

　　在与医院确定志愿服务合作项目之前，浙江海洋大学东海科学技术学院的师生到医院进行了实地调研。经过前期调研分析，发现目前医院环境变化和就医程序的更新呈现出程序化、复杂化和多样化特点，相对应的是患者对导医服务需求日益增多，特别是首次就诊、文化水平较低及大龄单独就诊的患者。为了提升患者的就医满意度，浙江海洋大学东海科学技术学院提出了以"大学生志愿者"为出发点，立足患者和医院的切实需求，开发导医志愿服务项目。项目的服务内容主要是为就诊患者和家属提供门诊导医、自助报告打印、义诊协助、戒烟劝导、安全乘坐电梯、满意度调查等服务。

　　"医路有我"温情导医志愿服务项目实施至今已有10余年，合作医院由最早的舟山市妇幼保健院1家增加到舟山市妇女儿童医院、舟山市中医院等7家医疗机构。项目经过多年的实践，已经形成一套完整的服务体系。在与医院达成合作之前，项目组成员会进行实地调研，对医院环境和所需岗位服务需求进行分析。针对不同性质的医院的不同需求，组建专项志愿者队伍，有针对性地开展业务培训，有效开展导医志愿服务。为了确保志愿服务的质量，项目组建立了较为完善的志愿者招募、培训、考核等机制。项目主要面向有一定医疗护理知识的医学院学生招募志愿者。在招募完志愿者后，安排专业志愿者老师或者医院护士长给志愿者进行培训。在多年的经验总结的基础上，制定了《导医专项志愿者考核办法》《导医志愿者岗前手册》等规范性文件，确保志愿服务质量。还运用"骨干志愿者+专项固定志愿者+流动补充志愿者"模式，对志愿者进行分类管理与考核。在项目开展过程中，及时收集服务对象的反馈意见，精准对接患者的服务需求，开发新服务内容。现在项目根据患者的需求变化，正从"导医"向"导情"延伸，在做好常规导医服务外，推出了"夏日送清凉""琴响周三"等温情服务。

## （四）主要成果

项目自实施以来，志愿者人数和服务受益人数逐年递增。仅2019年就开展志愿服务数千次，志愿者达到11 000余人，服务时长达4万小时，服务对象达30万余人次。近3年（2017—2019年）服务对象对志愿者的满意率的平均值为94.5%。项目被评为2017年舟山市"优秀志愿服务项目"，项目相关活动受到中国青年网、浙江在线、舟山日报、舟山晚报等各级各类媒体报道上百次。

## 二、健康义诊

　　医疗是关乎民生的重要内容，涉及人民群众切身利益。随着经济社会的快速发展，群众"看病难、看病贵"的问题得到缓解，但城市与农村、不同人群享有的卫生服务水平依然存在差距。群众日益增长的医疗服务需求与医疗资源分配失衡、基础医疗保障不足的矛盾日益显著，尤其是在一些偏远的山区，医疗条件较差、基层医疗卫生技术人才缺乏、医疗设备不足等问题更加明显。义诊服务可以促进公共医疗卫生服务均等化，扩大优质医疗资源覆盖面，缓解医疗服务供需紧张矛盾。国家卫生健康委于2013年启动"服务百姓　健康行动"全国大型义诊活动周，要求各级医疗卫生机构针对当地民众就诊看病的实际问题开展义诊活动。此后，每年9月的第三周，医疗卫生系统都会开展"服务百姓　健康行动"全国大型义诊活动周，这有力推动了医疗卫生机构开展义诊志愿服务。

　　健康义诊指具有一定诊疗水平的志愿者为民众提供公益医疗服务，服务内容包括健康科普、健康咨询、健康检查、疾病诊断、疾病治疗等。义诊的活动形式主要有：①在公共场所开展义诊活动。组织群众需求较大专科的医疗、药学、康复、护理专家，进行疾病的咨询、初步筛查、诊断、一般治疗和健康教育等。②义诊进社区、下乡镇。以农村留守儿童、优抚对象、残疾人、低保对象、特困供养人员等人群为重点服务对象开展病例讨论、专家坐诊、专家授课等义诊活动。③院内义诊。依托医院内部资源，由本院挂号困难的特色专科医生和知名专家开展义诊。④城乡医院、东西部医院对口支援义诊。通过开设门诊、疑难重症会诊、义诊手术、疾病筛查、技术管理培训等方式支援落后地区医院。⑤深入贫困地区开展义诊。结合健康扶贫工作，组派医疗队到辖区或驻地贫困地区开展疾病咨询、疑难病例会诊、义诊手术等。⑥举办健康大讲堂，组织专家走进学校、社区、党政机关、企业，讲授、传播健康知识和疾病预防知识。

## 案例 分析

### （一）基本情况

案例名称："美丽乡村　健康相随"医疗志愿服务

案例来源：丽水市中心医院团委白翼志愿者服务队

发起时间：2016年

服务内容：为山区群众提供健康体检、医疗咨询、疾病诊治等医疗服务，解决山区农民看病难的问题。

### （二）案例背景

丽水地处山区，辖区内除了莲都区和松阳县周边有一些较大的平地，其余大部分为山区。市内医疗资源分布不平衡，特别是在偏远农村，空巢老人、留守儿童居多，加之交通不便，山区群众面临着"看病难、看病贵"的问题。丽水市中心医院团委响应国家"乡村振兴"战略和省委省政府"双下沉、两提升"活动，依托医院医疗专家资源，联合团龙泉市委、团缙云县委、团景宁县委、团莲都区委推出志愿服务系列活动，将医院优质医疗资源和服务送到边远山区，解决山区百姓实际困难。

## （三）发展情况

丽水市中心医院团委于2016年开始与团丽水市委及所辖各团县市区委合作，联合开展乡村义诊的志愿服务，推出了"美丽乡村　健康相随"医疗志愿服务项目。在项目实施中，白翼志愿者服务队打造了"医+X"即医院与多家单位合作的志愿服务新模式，依托医院的医疗资源，联合其他单位，通过资源整合，为偏远山区老百姓带去更多服务和关爱。项目组充分发挥丽水市中心医院团委在志愿医疗方面的优势和基层团组织的组织动员能力，定期在丽水市各乡镇（街道）较为集中的片区和社区设置志愿医疗服务流动站，为山区老百姓提供就医服务、健康体检、医疗咨询等，对周边农村群众的常见病、多发病进行诊治，提供基本医疗服务，免费赠送一些药品，缓解山区老百姓看病难的问题。为了确保活动顺利开展，成立"美丽乡村　健康相随"志愿服务走村行动领导小组，并制定了工作计划表，明确每支医疗服务队义诊的帮扶社区村。

## （四）主要成果

2016—2019年，丽水市中心医院团委开展活动近75次，派出志愿者近1400人次，服务范围覆盖4个县（市、区）共69个乡镇、街道，受益群众近15万人，切实解决了山区群众就医难的问题。项目组打造了"医+X"的志愿服务新模式，实现跨单位合作，与市委、县委及兄弟医院共同开展活动，让志愿服务项目发挥更大的作用力。

# 三、无偿献血

无偿献血是指献血者志愿将自身血液无私奉献给公益事业，而不收取任何报酬的行为。无偿献血是我国血液事业发展的总方向，已成为我国临床用血的唯一来源。党和政府历来高度重视这项事关人民群众身体健康和生命安全的社会公益事业。自1998年《中华人民共和国献血法》实施以来，在各级党委、政府和相关部门的有力推动下和广大群众的积极参与下，我国全面建立无偿献血制度，无偿献血人次连续22年持续增长，实现了从有偿献血到完全自愿无偿献血的根本转变。全国无偿献血人次由1998年的32.8万提高到2019年的1563万，千人口献血率由1998年的4.8‰提升至2019年的11.2‰。在2018年全国硬性取消互助献血后，临床用血紧张时无法通过亲友互助的形式满足，临床用血完全依靠陌生人的善意。这就需要更多志愿者加入无偿献血队伍。

为推动无偿献血公益事业发展，浙江省创新无偿献血政策，其中多项举措领跑全国。2014年，浙江省率先推出无偿献血"三免"关爱措施，为无偿献血者提供"免费坐公交、免费逛公园、免收门诊费"等服务。2017年，浙江省还建成了血液云平台，通过多渠道向献血者提供献血综合查询、献血导航、分时段预约等服务。2019年，浙江省将"用血服务不用跑"纳入医疗卫生服务领域"最多跑一次"改革中，献血者用血以"医院直免"为主、"网上减免"为辅的工作模式在全国范围内率先实现全覆盖。2020年，全国电子无偿献血证管理服务平台在浙江省诞生，并在全国启用，该平台可实现全国452家血站信息的互联互通。在政府的大力推进下，浙江省无偿献血工作稳步发展，先后4次被评为全国无偿献血先进省。2019年浙江省千人口献血率达13.02‰，位居全国第一梯队。

**案例** 分析

## （一）基本情况

案例名称："热血先锋"——浙江青年无偿献血志愿服务

案例来源：浙江省无偿献血志愿者协会

发起时间：2018年

服务内容：组织动员青年定期献血，在出现用血紧张时发起献血活动。

## （二）案例背景

青年是无偿献血的主力军，在浙江省18—35周岁青年献血的比例高达56%，其中高校师生献血率是全省社会公民平均献血率的5.38倍。为提升青年的社会责任感和思想道德水平，并发挥广大共青团员的先锋模范作用和青年的献血主力军作用，进一步做深做实无偿献血志愿服务工作，浙江省启动了"热血先锋"——浙江青年无偿献血志愿服务项目。

## （三）发展情况

"热血先锋"——浙江青年无偿献血志愿服务项目于2018年5月21日正式启动，该项目是由共青团浙江省委、省卫生计生委、省教育厅、省学联面向全省青年共同推出的一项志愿服务公益养成活动，是一项具有广泛影响力和持续开展的青年献血品牌，主要倡导18—35周岁、身体健康的青年，特别是团员青年，符合献血条件的，每两年至少参与一次献血。项目内容包含"热血先锋"养成计划、献血量公益时转换等。"热血先锋"养成计划由7年献血4000毫升的"热血先锋"、3年献血1000毫升的"高校热血先锋"和7年献血2000毫升的"献血达人"组成。参与并完成计划的青年志愿者将由浙江省无偿献血志愿者协会授予荣誉称号，颁发证书、纪念徽章，并优先申报相关荣誉奖项。对于参与并完成4000毫升献血计划的"热血先锋"青年，还将为其申报全国无偿献血奉献奖，并优先办理浙江省无偿献血荣誉证，让其享受浙江省无偿献血"三免"政策，即免费坐公交、免费逛公园、免收门诊费。同时，献血量还可转化为志愿服务信用时数（志愿汇和阿里巴巴公益3小时），捐献200毫升等同于参与志愿服务时数4小时，每增加100毫升等同于增加志愿服务时数1小时，信用时数既可以在平台上兑换志愿服务保险等权益，还与青年守信联合激励措施直接挂钩，如可以增加落户积分或子女入学积分等。目前，志愿者已授权成功42 122人，总献血量中的9656万毫升转换为193万余信用时数。项目组还通过信息化手段，在"志愿汇"上开设了专区，设置了志愿者报名、统计、排行、荣誉勋章、特色卡申领等功能。

在新冠肺炎疫情防控期间，受人流量减少和团体献血延后的影响，献血人数急剧下降，为缓解临床用血紧张的压力，共青团浙江省委等部门联合发布《关于积极参与"热血先锋 '疫'战到底"无偿献血行动的通知》，并在线上线下同步启动"热血先锋 '疫'战到底"无偿献血行动。志愿者可以通过"志愿汇"平台的"热血先锋 '疫'战到底"活动专栏，在线预约献血车上门服务。活动启动后，省直机关及直属事业单位干部、省直机关团工委及省属企业团员青年、省属高校学生踊跃报名，献血人数迅速增长。高校复学后，浙江省又启动"热血先锋 '疫'战到底"高校献血活动。各高校根据实际情况确定献血活动举办日期，通过支付宝发起"校园献血日"，学生在网上进行预约报名。确定好"校园献血日"后，高校与省血液中心联系，由省血液中心负责安排医务人员到校采血。

## （四）主要成果

2018年，启动"热血先锋"养成计划后，全省青年献血总人数达35.8

万，占全省献血总人数的57.36%，比2017年同期增加了8842人，献血总量达118.9吨。截至2020年，全省已有4549人报名参加"热血先锋"养成计划，有3870人报名参加"热血达人"养成计划，有6691人报名参加"高校热血先锋"养成计划。

## 四、应急救援

应急救援指在突发严重危及社会秩序、有可能或者已经造成重大损失的灾害、事故或事件时，志愿组织或志愿者立即响应，采用措施减少事故造成的危害。应急救援针对自然灾害、人为重大事故、公共卫生事件、社会公共安全事故等，事故主要来源于以下领域：自然灾害、工业事故、重大工程事故、大规模活动事故、城市生命线事故等。应急救援的主要服务内容为：生命救援、控制事态、灾后恢复、维护社会秩序、灾害预防宣传、应急能力培训等。

经过2003年"非典"疫情、2008年汶川地震事件，我国越发重视应急救援管理，也意识到社会救援力量在紧急救援中的重要作用。汶川地震之后，社会救援队伍在政府的支持下迅速扩大，中国社会组织查询平台的数据显示，2020年，我国完成登记的应急救援类社会组织有1790支。其中颇具盛名的蓝天救援队，目前已在全国31个省区市（除港澳台）授权了669支救援队伍，登记在册的志愿者超过50 000余名，已参与汶川地震救援、玉树地震救援、海南威马逊台风救援、"东方之星"客轮在长江倾覆救援、武汉火车站消杀工作等国内大型灾害的救援活动，有效协助政府减少灾害和事故造成的财产和生命损失。发展至今，社会救援组织已经成长为我国应急救援系统中的重要力量，在应对各类突发事件中发挥了积极作用。

**案例分析**

## （一）基本情况

案例名称：浙江省公羊会公益救援促进会（简称公羊队）

案例来源：浙江省公羊会公益救援促进会

发起时间：2008年

服务内容：开展自然灾害抗险救援、户外山林山难应急救援、突发性城市应急救援。

## （二）案例背景

浙江省是受台风、洪涝等自然灾害影响最为严重的地区之一，安全生产类、自然灾害类等突发事件多发，应急救援任务十分艰巨。为补充和壮大应急救援力量，浙江省积极培育和支持社会应急力量发展。为促进社会应急救援组织发展，浙江省将社会应急力量提供的社会应急救援服务纳入政府购买服务范围，明确购买服务的内容和标准，并建立社会应急力量应急救援补助机制，对社会应急力量参与应急救援发生的支出给予适当补偿。同时，将社会救援力量纳入省、市、县级应急救援力量管理体系，形成专业救援队伍和社会救援力量良性互动、共同发展的格局。

公羊队是起步较早、发展较成熟的民间社会救援组织，有着丰富的救援经验和较高的专业救援能力，现已被纳入杭州市人民政府应急办城市应急救援体系中。

## （三）发展情况

公羊队于2003年在浙江省民政局完成注册，是具有独立社团法人资格的民间公益社团组织，秉承"智趣人生　公益帮扶"的宗旨，开展助老、助残、助学济困、赈灾救援等社会公益活动。2008年汶川地震发生后，公羊队奔赴灾区参与紧急救援。参与汶川救援让公羊会志愿者对组织发展有了更深刻的思考，他们意识到民间公益组织大有可为，但要具备专业救援能力。汶川归来后，公羊会志愿者决定筹建一支专业救援队伍。2008年5月，公羊会设立了一支专门执行应急救援任务的志愿者队伍——公羊队。起初的公羊队仅有十几人，主要由一群喜欢户外运动的驴友组成，救援任务也是从山林走失的户外救援开始。公羊队成立后，参与了营救被困武义牛头山的上海驴友、搜救杭州小和山失踪男子、营救52名被困临海十八潭景区的驴友等多次户外救援行动。在出色地完成户外救援任务后，公羊队的知名度越来越大，也吸引了更多的人加入救援队伍，自此公羊队的组成更加丰富，包括企业家、医生、职员、汽车维修师、驯狗师、外卖配送员等众多职业人员。公羊队的救援服务也不仅限于互助似的驴友救援，也执行公益急寻、突发性城市应急救援等任务。从2008年到2013年，随着参加救援的次数增多，公羊队也开始步入正轨，向专业化方向发展。

2013年，四川雅安地震救援是公羊队向专业化方向发展的转折点。2013年4月20日，地震发生两小时后，公羊队便启动雅安地震救援预案，集结志愿者，准备奔赴雅安参与抢险救灾。在制定了救援方案，并挑选了合适的救援队员后便奔赴雅安。到达救灾现场后，公羊队与当地救援指挥部取得联系，并在其领导下开展救援工作。公羊队凭着自身的专业性为雅安地震救援工作做出了重要贡献。这次地震救援也弥补了当年参与汶川地震救援留下的遗憾。

参与雅安地震救援之后，公羊队又先后参与了余姚抗台救灾、丽水抗洪救灾、云南昭通抗震救灾、云南普洱抗震救灾等自然灾害救援行动，积累了应对台风、洪水、地震等各类自然灾害的救援经验。同时，公羊队加强对志愿者的管理，定期对志愿者进行救援知识培训与考核，并购置大量专业救援装备。公羊队已经成为一支具备扎实救援知识、丰富实战经验及装备精良的专业应急救援队伍。专业能力的提升让公羊队有信心做更多尝试。公羊队本着让世界看到中国民间救援能力这一想法，将救援服务范围从国内拓展到国外。从2015年起，公羊队走出国门，代表中国民间救援力量参加了涉及尼泊尔、巴基斯坦、厄瓜多尔、意大利、印度尼西亚、墨西哥等国的多次跨国地震救援，尤其在巴基斯坦，公羊队是全球唯一赶到灾区一线进行人道主义救援的国外救援力量。

公羊队在救援上的专业性也获得了政府与社会的肯定，公羊队已经成为政府的后备救援力量，与政府建立了良好的合作关系。2016年，海事部门和公羊队共同组建杭州水上交通应急救援队。公羊队作为一支民间的专业救援队伍，正式加入杭州市水上交通应急救援体系，成为杭州市水上交通应急救援体系的重要成员。联合组队实现了行业部门与民间力量共享应急救援装备、人员，共同参与培训和训练的目标。2020年，杭州市交通运输发展保障中心与公羊队达成战略合作协议，联合组建杭州市交通应急抢险救援队，协同开展应急救援。公羊队列装的首驾直升机——贝尔429也正式入驻国家区域性公路交通应急装备物资（浙江）储备中心，为杭州市交通应急抢险救援队补充了救援装备。

## （四）主要成果

目前公羊队有志愿救援队员600余人，均经过严格挑选、培训考核。志愿者中可以直接奔赴灾害现场实施救援的就有80多位，30余人获得国际沟渠救援技术证书、IRIA国际搜救教练联盟水域救援R4教官证书、IRATA国际绳索技术证书、红十字会师资证、无人机驾驶员证书等。公羊队除了有专业的志愿者外，还拥有先进的救援装备。公羊队在浙江省杭州市及四川省、陕西省、新疆维吾尔自治区有四支救援力量并建立了三个战备装备库，配备了应急救援车辆、冲锋艇、充气船、无人机、直升机、卫星通信、专业医疗帐篷（含配套设施）及众多山地和水上救援器材等专业救援装备。

公羊队的专业救援能力为其参与各类救援提供了有力保障。公羊队成立以来，执行山林走失驴友救援任务30余次，执行24小时公益急寻任务100多次，参与国内外地震、洪水、台风等自然灾害救援20余次，包括尼泊尔地震救援、"灿鸿"抗台抢险、"苏迪罗"抗洪抢险、台湾地震救援、金华兰溪抗洪抢险、意大利地震救援等。作为知名度颇高的救援队伍，公羊队还多次应救援指挥部的要求，参与了泰国普吉岛沉船搜救、温岭大溪储运液化气的槽罐车爆炸事故救援等突发性事故救援。

在应急救援中的突出表现让公羊队获得较好的社会口碑，曾获得"第十届中国青年志愿者优秀组织"、第三届中国公益慈善项目年度特别奖、2014年度浙江杰出职业服务集体等荣誉，被评为浙江省G20杭州峰会志愿者服务工作先进集体，并先后荣获浙江省抢险救灾先进集体、浙江省防灾减灾活动贡献奖等荣誉，被浙江省人民政府记集体三等功。

## 五、公共卫生事件

公共卫生事件指具有突发性、对社会公众健康造成或可能造成严重损害的公共事件，包括重大传染性疾病疫情、群体性不明原因疾病、重大中毒、重大毒物泄露、放射性危害事件、重大自然灾害等。近20年来，我国发生了多起重大公共卫生事件，如2003年"非典"疫情、2008年三聚氰胺奶粉事件和2020年新型冠状病毒肺炎疫情。经历多起重大公共卫生事件后，我国逐步加强突发公共卫生事件疾病预防体系建设，同时鼓励和支持志愿者参与到公共卫生事件疾病防控工作中。在2020年新型冠状病毒肺炎疫情防控中，政府充分认识到志愿者在疫情防控中的重要作用，广泛地动员社会慈善力量依法有序地支持疫情防控工作。广大志愿者踊跃参与到疫情防控战线各个领域，开展防疫宣传教育、基层疫情排查治理等各类志愿活动，成为联防联控、群防群治的重要力量。

公共卫生事件志愿服务的内容主要有：第一，专业技术支持。具有医学、心理咨询、应急救援等专业技能的志愿者，在相关机构的统筹调配下，参与卫生防疫、心理辅导、救助救护等专业性较强的工作。第二，疫情排查治理。配合基层组织做好体温监测、信息登记、疫情排查、人员隔离、秩序维护等工作。第三，疫情防控宣传教育。通过宣讲、制作文艺作品等各种形式开展疫情防控宣传，引导群众正确理性看待疫情，增强自我防范意识和防护能力。第四，综合服务保障。为在一线奋战的医生和护士、防控点值守人员、被隔离群众提供子女课业辅导、出行接送、物资代购等生活保障和外围服务。第五，物资捐赠。组织发动向有需要地区捐赠口罩、防护衣等物资。

## 案例分析

### （一）基本情况

案例名称：金华市金东区孝川救援志愿队

案例来源：金华市金东区

发起时间：2020年

服务内容：开展助企复工、卡口检测、隔离人员看守、消杀服务等抗击新型冠状病毒感染的肺炎疫情志愿活动。

## (二) 案例背景

2020年初，在全国暴发了新型冠状病毒肺炎疫情，全国都进入疫情防控阻击战中。自国家卫生健康委员会公布武汉不明原因肺炎疫情以来，浙江省高度重视新型冠状病毒肺炎疫情防控工作，于1月23日率先启动公共卫生事件Ⅰ级响应，短时期内迅速控制住了疫情蔓延。但是相比湖北之外的其他省份，浙江也是疫情蔓延得比较快、疫情较严重的省份。为动员社会力量参与疫情防控工作，省委省政府印发《关于号召浙江省志愿服务组织、志愿者安全有序参与疫情防控的倡议书》《浙江青年志愿者参与新型冠状病毒感染肺炎疫情防控工作实施方案》《浙江省新型冠状病毒感染的肺炎疫情紧急心理危机干预工作方案（试行）》等多个文件，鼓励志愿者积极参与到疫情防控宣传、疫情排查、心理疏导、医疗物资保障等疫情防控相关服务中。浙江省在2020年1月23日至4月22日期间，有186 632名志愿者参与疫情防控工作，开展37 354场志愿活动。在疫情防控关键时期，全省各类志愿服务组织和广大志愿者汇聚力量，以实际行动为打赢疫情防控阻击战做出积极贡献。被评为"浙江省抗击新冠肺炎疫情先进集体"的金华市金东区孝川救援志愿队便是参与疫情防控工作的众多志愿服务组织的一个缩影。

## (三) 发展情况

金华市金东区孝川救援志愿队成立于2015年，由一群热心公益救援的志愿者自发组建而成，有队员90余名，志愿者300余名。2020年新型冠状病毒感染的肺炎疫情暴发后，孝川救援志愿队在第一时间投入疫情防控工作中。金华市金东区孝顺镇关于疫情防控的工作部署通知发布后，仅隔1小时，孝川救援队就送来了请战书："我们孝川救援志愿队全体党员、队员坚决响应镇党委、政府的召唤，服从安排调度，申请随时奔赴疫情防控第一线，为保卫人民群众健康贡献力量，请安排我们到疫情最需要的地方去！"

2020年1月28日，疫情暴发初始，防疫物资企业面临招工难、开工难的困境。在收到团区委号召后，孝川救援志愿队即刻响应，仅1小时，就有100多名志愿者报名。29日，首批经过培训的52名志愿者走进了孝顺镇及新区医疗用品企业的生产车间，正式上岗，加班加点进行口罩、消毒喷剂等物资的生产。"医务人员在一线为我们筑起生命的屏障，和他们相比，这点累根本不值得一提。"无论是给防护口罩扎耳带还是包装酒精棉片，志愿者们在生产车间内一刻不停地进行着手头的工作。有了志愿者的加入，景迪医疗用品有限公司恢复了80%的产能，每天可生产消毒棉片100万片，各类消毒剂类产品2万瓶。金华美鑫防护用品厂在志愿者的帮助下，每天可以生产6000—8000只防护口罩，随时运往防疫一线。

在驰援防疫物资生产企业复工复产的同时，孝川救援志愿队还承担了卡口检测的任务。从1月30日开始，孝川救援志愿队每天派出10名队员承担鞋塘办事处和孝顺镇交界处的防疫工作，保证路口24小时都有人值守。"我们孝顺是个大镇，从高速路口下来的车都会经过这里，每天有上千的车流量，所以对过往驾乘人员进行防疫筛查是很重要的。"志愿者深知关口检测对疫情防控的重要性，所以一直坚守在一线卡口，积极协助现场工作人员引导过往车辆分流，在医护人员劳累时承担起给驾乘员逐一测量体温的任务。虽然在凛冽寒风中，志愿者脸上被口罩勒出深深印痕，但他们依然以最佳的精神状态投入执勤工作，坚决筑牢疫情防控卡口的"铜墙铁壁"，任劳任怨做好金华的"守门人"。

此外，在防疫物资缺乏的情况下，孝川救援志愿队从金华蓝天救援队调了200多千克84消毒液，免费给镇区的学校、幼儿园，进行室内外消毒工作。

## （四）主要成果

金华市金东区孝川救援志愿队在新冠疫情暴发后，第一时间加入疫情防控工作中，在助力医药企业复工复产、高速关口检测和学校消杀等工作上做出突出贡献。救援志愿队的"战疫"故事被人民日报、浙江日报等多家媒体报道，救援志愿队队长童开军获"省战疫群英""抗疫最美志愿者"等荣誉称号，孝川救援志愿队也获得"全省抗击新冠肺炎疫情先进集体"、区第一批"战疫尖兵团"等多项荣誉。

## （五）典型人物：浙江省最美"战疫"志愿者

### 1. 翁伸建（浙江巨化物流有限公司危化品车辆驾驶员）

抗疫期间，巨化公司共为8省26市427家单位无偿赠送消毒原液268.5吨，其中大部分是由翁伸建等人送达的。

### 2. 张颖（浙大二院脑重症医学科副主任医师、党支部书记、院团委书记）

作为白衣战士，主动请战，披坚执锐，在武汉坚持抗"疫"。发挥党支部书记先锋模范作用，参与重症新冠肺炎救治、防疫在线咨询、抗疫宣讲等志愿活动。

### 3. 张志田（浙江中医药大学附属第二医院放射科医生）

历时45天志愿援助湖北省宣恩县李家河镇卫生院。参与医院发热门诊、隔离病区改建活动，优化和规范就诊流程，积极开展会诊工作。

### 4. 胡前俊（长兴艺术高级中学历史教师）

主动报名村口卡点值班工作，反复与不配合防疫工作的群众进行沟通，为居家儿童提供在线网上作业辅导、疑难解答等服务。

### 5. 朱留锋（灯塔财经CEO）

搭建"武汉医疗公益出行平台"，在疫情防控期间协助医护人员平安出行。通过武汉宁波经促会向武汉免费捐赠了4万个医用外科口罩、25吨广西砂糖橘等物资。

**6.吐送托合提·阿西木（宁波职业技术学院电气自动化技术专业学生）**

疫情防控期间在慈溪市开展社会实践志愿服务，免费对当地的少数民族同胞进行普通话培训，助力收割了40亩地蔬菜，运送给居家隔离的村民和各个单位。

# 第六节 "两项计划"

"两项计划"指浙江省大学生志愿服务我国西部计划和浙江省大学生志愿服务山区、海岛、边远地区计划。"两项计划"旨在鼓励和引导大学生到祖国最需要的地方奉献青春，增长才干，就业创业。"两项计划"实施10多年来，浙江省已累计选派了4638名大学生志愿者到新疆、西藏、四川等西部地区和省内山区、海岛、边远地区，从事支医、支教、支农和精准扶贫等志愿服务工作。2020年，共有87所高校的3097名大学生报名"两项计划"，最终派遣了278名志愿者（含续签39人），高校报名覆盖率达79.8%，所招募志愿者中本科以上学历占比为74.5%，新派遣志愿者报录比为13∶1。

大学生志愿服务西部计划是由团中央、教育部、财政部、人事部从

2003年起共同实施的志愿项目。按照公开招募、自愿报名、组织选拔、集中派遣、定岗服务的方式，选派高校应届毕业生和在读研究生，到西藏、新疆、四川、青海、陕西、宁夏等西部地区基层乡镇一级，从事1—3年的基础教育、农业科技、医疗卫生和基层社会管理等方面的志愿服务工作。

浙江省大学生志愿服务山区、海岛、边远地区计划是2004年发起的，由省委组织部、团省委、省教育厅、省财政厅、省人力资源和社会保障厅共同实施。每年招募一定数量的普通高校应届毕业生和在读研究生到浙江省部分山区、海岛、边远地区（温州、金华、衢州、舟山、丽水），从事1—3年的教育、卫生、农技、扶贫、青年中心建设和管理等方面的志愿服务工作。

## 一、招募程序

"两项计划"按照公开招募、自愿报名、组织选拔、集中派遣、定岗服务的方式选派志愿者。志愿者招募工作由省项目办和各高校项目办共同完成，具体程序如下。

（1）报名。有意向的学生登录浙江省"两项计划"系统，在系统上填写报名信息。

（2）交表。报名参加"两项计划"的学生需将纸质报名表及报名所需的其他材料交所在高校项目办（一般设在校团委）审核备案。

（3）审核、上报。高校项目办在收到学生的报名表后，对报名学生的报名资格、填报内容真实性及政治思想素质、学习成绩、志愿服务经历、健康状况等情况进行审核。将初审合格的报名学生信息汇总上报省项目办。

（4）选拔。各高校项目办在省项目办指导下，根据本校招募指标及服务岗位，对入选的报名者进行心理测试和面试，择优选拔录取志愿者。

（5）分配岗位。各高校项目办根据省项目办下达的服务岗位，在公示合格的学生中分配岗位。

（6）组织体检。省项目办组织初步入选的学生进行集中体检。

（7）公示、录取。各高校项目办公布录取志愿者名单并在学校内公示3天。若无异议，将最终录取志愿者名单报省项目办。

（8）审定确认。省项目办委托高校项目办发放《报到通知书》（注明服务岗位，培训时间、地点及联系方式）。

（9）培训上岗。参加"西部计划"的志愿者携带《报到通知书》、毕业证和本人身份证到服务省参加培训。参加"山区、海岛、边远地区计划"的志愿者携带《报到通知书》、毕业证和本人身份证参加由省项目办统一组织的培训。培训结束后，志愿者正式报到上岗。志愿服务第一个月可作为试用上岗期，在此期间，志愿者对岗位不适应或用人单位对志愿者不满意可按规定由服务地项目办进行适当调整。

## 二、选拔标准

（1）具有志愿精神。

（2）学分总绩点（或学业成绩）排名在本院系同年级学生总数前70%之内。

（3）通过本校毕业体检和"两项计划"体检。

（4）获得毕业证书并具有真实有效居民身份证。

（5）大专及大专以上学历可以报名，已录取为研究生的应届高校本科毕业生和在读研究生优先。

（6）优秀学生干部和有志愿服务经历者优先。

（7）服务地紧缺的农、林、水、医、师、金融、法学、工业、城市管理类专业学生优先。

（8）西部地区和浙江省山区、海岛、边远地区生源优先。

（9）参加西部计划基层青年工作专项行动的志愿者应累计有一个月以上基层工作、志愿服务经历或者曾获校级及以上表彰奖励、担任过各级团学组织主要负责人。

## 三、政策支持

（1）生活补贴。浙江省山区、海岛、边远地区计划志愿者的工作生活补贴标准按照乡镇机关或事业单位从高校毕业生中新聘用工作人员试用期满后的工资收入水平确定，中央财政每人每年补助1.2万元，省财政给予适当的补助。同时，每名新招募且在岗服务满6个月以上的山区、海岛、边远地区计划志愿者，中央财政按照每人3000元标准给予一次性安家费补贴。"西部计划"志愿者的工作生活补贴按照《2019—2020年度大学生志愿服务西部计划实施方案》（中青联发〔2019〕3号）有关规定执行。

（2）考研加分。"两项计划"志愿者服务期满2年且考核合格的，3年内报考研究生，初试总分加10分，同等条件下优先录取。对于已被录取为研究生的应届高校毕业生参加浙江省山区、海岛、边远地区计划的，学校应为其保留入学资格。高职（高专）毕业生参加浙江省山区、海岛、边远地区计划服务期满考核合格的，可免试入读成人高等学历教育专科起点本科。服务期满考核合格且符合相应条件的，可按规定享受相应的学费补偿和助学贷款代偿政策。

（3）志愿者人身意外伤害、医疗保险费用。"西部计划"志愿者由团中央统一办理，相关保险由全国项目办统一投保大学生志愿服务"西部计划"志愿者综合保障险，保费为每人350元人民币。对于浙江省山区、海岛、边远地区计划志愿者，由服务地项目办统一办理社会保险，社会保险的单位缴纳部分由地方财政负担，个人缴纳部分从志愿者工作生活补贴中代扣代缴。鼓励有条件的地方为志愿者办理补充医疗保险，重大疾病、人身意外伤害等商业保险及住房公积金。参保期限按志愿者实际在岗时间计算，从志愿者到岗开始，至志愿者离岗结束。

（4）报考公务员。参加浙江省"两项计划"服务期满考核合格且累计具有2年及以上基层工作经历的人员离开服务岗位5年内，可报考面向服务基层项目人员的定向职位。"两项计划"志愿者在服务期间可以凭志愿者服务证和省项目办证明，报考所服务的县（市、区）公务员，既可以应届高校毕业生身份报考，也可以社会人员身份报考；服务期满后1年内，可凭志愿者服务证和省项目办证明，以应届高校毕业生身份报考公务员；服务期间和服务期满后，也可以社会人员身份报考户籍所在地的公务员。

（5）就业创业。认真贯彻《关于支持大众创业促进就业的意见》（浙政发〔2015〕21号）、《关于促进农村电子商务创业就业的通知》（浙人社发〔2015〕33号）等文件精神，鼓励服务期满考核合格毕业生在当地就业创业，并且降低创业门槛，提供贷款贴息，加大资金支持，宽容创业失败。

（6）"西部计划"其他相关政策。

## 四、典型人物

### 在奉献中收获　在服务中成长

孙金铭，浙江外国语学院2018届应用电子技术专业毕业生，毕业当年参加了"两项计划"，下乡到金华市磐安县窈川乡工作。

孙金铭平时就关注志愿服务，在一开始得知该计划时，她就产生了兴趣。孙金铭在向老师了解相关情况后，抱着体验全新生活和服务基层的想法提交了"两项计划"报名表格。但在一开始，孙金铭就遭到了来自家人的反对。家人希望她能回家找份"像样得体"的工作，安稳过日子。而孙金铭坚持自己的想法，要去"看一看世界"。最终，她说服了父母，踏上去往山间田野之路。

在乡里，孙金铭原本负责下乡支教工作，后因希望能更贴近基层民众，就抓住乡党政办公室岗位空缺的机会，向上级申请调动，最终留在乡党政办公室工作，参与办公室日常管理事务。在工作中，孙金铭遇到过不少困难，其中最困扰她的就是语言问题。在接听服务电话和帮助民众办理业务时，因为有些人，尤其是老年人，习惯说方言，有时她很难听懂对方的话、理解对方的意思，这就可能造成这些人的不满。幸运的是，同事们都非常友好，总会在孙金铭遇到问题时施以援手。孙金铭在同事的帮助下努力克服语言障碍与环境不适应等困难，参与了许多基层服务工作。

让孙金铭印象颇深的一次工作是初来乡里时经历的台风救助。孙金铭刚到窈川乡不久就遇上了台风，气象警报随时都会响起。当天晚上大家就接到命令，整夜随时待命。孙金铭所在办公室的全体人员轮流值班以应对突发状况。在半夜，孙金铭就接到了乡里农户打来的求助电话。受台风影响，村里数条溪流的水全部都漫溢出来淹没了桥面，多户农户家中已经被淹。因事态严重，所有村干部都被安排做转移和救助灾民的工作。整整一晚上，孙金铭和她的同事们都在紧张地进行灾民救助和转移工作，到第二天，所有人仍没有休息，继续上班安排后续事务。这一次惊险的台风救助，让孙金铭真正了解到党员干部一心为民、服务于民的本色和责任，也让她对乡村干部们心生敬意。孙金铭也更加坚定"更好更努力地服务民众"的决心。

在基层服务的日子，让孙金铭深受触动的不单是与她并肩作战的乡镇干部，还有她的服务对象。"我曾经和村里的书记一起去参加阳光助学活动，走访刚高考完但家里条件不好的学生……"在与这些家庭交流之后，孙金铭被贫困家庭学生身上自强不息的精神感动，"我由衷地敬佩他们，能在如此艰苦的条件下，成长得阳光又健康，我十分高兴自己能够真正帮助到他们"。

对于孙金铭而言，这次下乡志愿服务也是让她沉淀自我的一个过程。"以前自己其实没有很明确想做的事情，所以希望通过这次志愿服务给自己思考沉静的时间，也试着去改变自己、完善自己。"在志愿服务期间，同事们给了她很多帮助，教会她工作技巧、为人处世的方法，传授给她一定的生活经验，也对她的人生规划给予许多建议。"我现在正在准备公考。在决定报考前，有点儿犹豫不决，但同事们一直鼓励我，还让我把考试当成一个目标去努力，当成一次经历来看待。"于是她便定下心来，朝着这个方向迈进。

孙金铭对自己目前的状态非常满意。她觉得每天作息规律，服务乡民，日子过得充实而愉快。虽然工作烦琐又忙碌，但她对生活充满热爱。"我现在的生活平和、充实且富有意义，对自己当时所做的决定充满感激。"孙金铭期待自己能"以更好的状态工作，真诚地帮助基层群众，用心地感受生活，有更好的技能服务大众"。

## 选择扎根，静待花开

陈东男，浙江大学城市学院英语专业2019届毕业生，毕业当年参加了"西部计划"，现服务于新疆阿克苏地区库车市齐满镇人民政府。

陈东男喜欢挑战自己，不断迎接新的工作与任务。在校期间，他曾任班长，后又担任外语分院第二党支部组宣委员、公寓党员之家主任、团学联信息部部长。2019年毕业在即，陈东男做出一个"与众不同"的决定——放弃上海的工作机会，加入"西部计划"。虽然旁人很难理解他的这个决定，但陈东男却对自己的选择十分坚定，正如当年高考结束他没有直接进入大学而是选择参军入伍一样。在服务地工作后，陈东男体验到由一次选择带来的翻天覆地的人生变化。

2019年7月，陈东男怀着满腔热情来到距离杭州2000千米之遥的新疆阿克苏。入疆后，陈东男先在阿克苏地委党校进行了3个月的岗前培训，后来到阿克苏地区库车市齐满镇人民政府，主要负责开展全镇党建相关工作。初到地委党校，大学四年的学生干部经历给了陈东男充分的信心和底气去参与初任班委竞选，也为他在3个月时间内较好履行内招班班长兼副书记职责打下了坚实的基础。两年军队服役生涯锻炼出来的敢吃苦、能吃苦、肯吃苦的精神，让陈东男能够参与沙地植树、采摘棉花等艰苦活动。走上志愿服务岗位后，陈东男意识到在校期间的学生工作、社会实践及参军服役经历的积累，铸就了他今日可以从容应对各种突发情况和困难问题的能力。

眼下，"不忘初心、牢记使命"主题教育活动正在如火如荼地开展之中，陈东男的工作更为繁忙。在苦累交加、通宵达旦的工作中，他时常问自己，既然早已习惯了宁波的家常海鲜、杭州的和风细柳，为何当初还要放弃大好的工作机会而来到这片祖国西塞166万平方千米的土地上？可答案总是一如既往，因为人生只有一次，总要有自己的理想和坚守。"来到这里，就是为了在自己有限的青春里为祖国的建设做尽可能多的贡献。哪怕只能带着几户贫困户脱贫致富，也是好的。同时，每个人都有实现自己人生价值的方式，而我的选择就是到国家最需要的地方去，让自己的汗水、努力和成绩在这片土地上落地生根，开花结果。"带着这份思考，陈东男总能安然入睡。在第二天，当明媚的阳光照耀边疆时，陈东男又信心满满地迎接新的工作。他的电脑壁纸自入疆后就换成了"每个优秀的人，都有一段沉默的时光。那段时光，是付出了很多努力，却得不到结果的日子，我们把它叫作扎根"这段文字。

在2019年度浙江大学城市学院学生荣誉盛典上，陈东男与同学们分享了自己的志愿服务故事。他的故事感动了很多人，也激励了与他有同样志向的人以实际行动服务祖国、服务人民。2020年，浙江大学城市学院又有2名毕业生加入"西部计划"，奔赴青海与新疆。

第 三 章

# 青春圆梦

——志愿服务怎么做

志愿服务已然成为当今社会不可或缺的一部分，积极有效的志愿服务是社会进步、人类发展的重要推动力。满足个体、社会活动等对于志愿服务的要求及推动发展社会福利事业的需要，促使着志愿服务活动在世界范围内不断推广扩大。随着志愿服务队伍的不断壮大，如何做好志愿服务就成了目前社会急需关注的问题。本章内容就从志愿服务的各个角度，对"如何做好志愿服务"这一问题进行解答，使志愿者增进对志愿服务的认识，提高志愿服务的质量，切实为社会发展和文明进步助力。

# 第一节　志愿服务的要求与规范

为了更好地为社会提供志愿服务，助力社会发展，对于志愿服务，须注意以下要求与规范。

## 一、志愿服务的基本原则

志愿服务具有自愿性、无偿性、公益性、组织性等四大基本原则，这四大原则反映了志愿服务的特点，以其为基础的活动才可称为志愿服务。

## （一）自愿性

自愿是志愿服务的基本特征。从"志愿"一词的中文含义看，"志愿"本身就包含了自愿的意思。志愿服务的自愿性意味着个体具有参加志愿服务的选择权，即可以选择注册参加某一志愿组织，也可以选择参加某项具体的志愿活动，还可以选择不参加志愿活动。志愿服务活动的开展完全出于志愿者个人的意愿，不受任何外力强迫。虽然参与志愿服务的动机众多，但是在这项活动中，人们并不是被动地，而是积极主动地参与其中。

志愿服务的自愿性意味着非强制性和非义务性，它与职业工作不同。职业工作是根据劳动合同，必须每天按时出勤并完成规定的工作任务。志愿服务不是法律或伦理道德规定的义务。我们要深刻认识到，不管是发达国家还是发展中国家，社会发展的不平衡是永恒的规律。我们有责任和义务去帮助那些需要帮助的人。自愿并不意味着可以自由散漫。如果志愿者选择参加某一志愿服务组织，就必须遵守该组织的章程，承担相应的义务。如果志愿者自愿参加某项具体的志愿服务项目，就必须按照该项目的要求，认真履行自己的职责。

《志愿服务条例》第二十二条规定："志愿者接受志愿服务组织安排参与志愿服务活动的，应当服从管理，接受必要的培训。志愿者应当按照约定提供志愿服务。志愿者因故不能按照约定提供志愿服务的，应当及时告知志愿服务组织或者志愿服务对象。"

## （二）无偿性

无偿性是指志愿服务不求物质回报，志愿者无任何薪水报酬。正因为志愿服务有利于满足个人的价值追求，所以不求物质回报是志愿服务的基本要求，也是社会对它的基本期待。一些志愿服务虽然不是完全免费的，但通常没有抵消成本以外的效益。志愿服务的无偿性并不代表志愿服务与经济因素绝缘，志愿服务活动的正常开展少不了必要的经济支撑，志愿服务组织或志愿服务对象可以为志愿者提供交通、餐饮等补贴。

## （三）公益性

公益性是志愿服务的本质特征，它与"奉献、友爱、互助、进步"的志愿服务精神具有一致性。志愿服务是为了社会公众的利益和福祉而开展的活动，是社会的公益行为，志愿者组织的成立不是为特定的具体个人服务的。志愿服务活动主要包括助老扶弱、扶贫济困、支教助学、环境保护、社区服务及其他社会公益性活动。

《志愿服务条例》第二十一条规定："志愿服务组织、志愿者应当尊重志愿服务对象人格尊严，不得侵害志愿服务对象个人隐私，不得向志愿服务对象收取或者变相收取报酬。"志愿服务活动的公益性，意味着志愿服务不是基于亲属关系、朋友关系的服务。家庭的老人失去生活自理能力，子女们轮流照顾，这是基于亲情关系的服务。主人要出差，将家里的宠物寄养在邻居家几天；或者自己是上班族，邮寄的包裹经常无人接收，要邻居代为接收包裹；或者邻里之间相互照看小孩等，这些都是基于朋友之间的私人关系而进行的互帮互助。志愿服务的公益性意味着不能为纯粹的商业行为提供志愿服务。

## （四）组织性

志愿服务的组织性是指志愿服务是有组织地进行的，不是单纯的个人行为。正如"众人拾柴火焰高"，集体活动产生的社会效益远大于个人，志愿服务只有在组织中合作完成，才能实现效益最大化，才能避免资源的浪费。

## 二、志愿服务的基本规范

为保证志愿者服务的规范性，志愿服务从仪容礼仪、服饰礼仪、仪态礼仪、表情神态、涉外礼仪禁忌五方面对志愿者提出了要求。

### （一）仪容礼仪

（1）卫生。勤洗澡及更换衣服，避免在志愿服务中出现汗臭、狐臭等身体异味；不留长指甲，女士不涂鲜艳的指甲油及在指甲上彩绘。

（2）面部。男士要养成每日修面剃须的好习惯，修剪好鼻毛和耳毛，切记胡子拉碴地出现在志愿服务岗位上；女士面部的修饰要自然，志愿服务中可化淡妆，切忌浓妆艳抹，要使"秀于外"与"慧于中"二者并举。注意口腔的洁净，防止产生口臭等异味。

（3）发型。男士的发型要长短适当，要求做到：前发不覆额，侧发不掩耳，后发不触领；不允许在志愿服务之时长发披肩，或者梳起发辫。女士的发型要整洁、长短适当，将超长的头发盘起来，或是束起来，或是编起来，或是置于志愿服务帽之内，不可以披头散发，也不得把头发染得五彩斑斓。

## （二）服饰礼仪

TPO原则中的T、P、O 3个字母，分别代表着时间、地点、目的。TPO原则是有关服饰的选择和穿戴的很重要的一个原则。它的含义是要求人们在选择服装、考虑其具体款式时，首先应当考虑如何与着装的时间、地点、目的协调一致。志愿者服饰得体与否，对个人形象、城市形象乃至国家形象均有极大影响，因此，在志愿服务中，志愿者对服饰的选择、穿戴要注意以下规范。

（1）着装整洁。一忌布满褶皱，二忌出现残破，三忌沾染污渍及脏物，四忌充斥汗酸、体臭等异味。

（2）穿着文明、雅观。一忌过分裸露，二忌过分薄透，三忌过分紧窄，四忌过分艳丽。

（3）在志愿服务中，以不佩戴首饰为好。女性如需要佩戴饰品，一般不宜超过两个品种，具体要求是：切记以少为佳，不宜佩戴花哨和具有张扬个性的工艺饰品及名贵的珠宝饰品。

## （三）仪态礼仪

### 1.站姿

基本站姿要领为脚跟并拢，脚尖分开（女士30度左右，男士45度左右），收腹挺胸，提臀立腰，双臂下垂（自然贴于身体两侧），虎口向前，宽肩下沉，头正颈直，下颌微收，目光平视。在志愿服务过程中，男性与女性通常根据各自不同的特点，在遵守基本站姿的基础上，进行适当变化，主要表现在其手位与脚位方面。男性在站立时，要力求表现阳刚之美。具体来讲，在站立时，可以用一只手（一般为右手）握住另一只手的外侧面，叠放于腹前，或者相握于身后。双脚可以叉开，大致与其肩部同宽为双脚叉开后两脚之间相距的极限。但需要注意的是，在郑重地向志愿服务对象致意的时候，必须脚跟并拢，双手叠放于腹前。女性在站立时，要力求表现阴柔之美，在遵守基本站姿的基础上，可将双手虎口相交叠放于腹前。要特别注意的是，志愿者在志愿服务于他人时，不论是男性还是女性，站立时一定要正面面对志愿服务对象，而且不可将自己的背部对着对方。

**2.行姿**

行姿的基本要点是身体协调、姿势优美、步伐从容、步态平稳、步幅适中、步速均匀、走成直线。陪同，指的是陪伴着别人一同行进；引导，则是指在行进之中为人引路。志愿者在服务中，经常有机会陪同或引导志愿服务对象。

（1）陪同引导。一是本人所处的方位。若双方并排行进时，志愿者应居于左侧。若双方单行行进时，则志愿者应居于左前方一米左右的位置，采用右手五指并拢、掌心向上的方式为其指引方向。当服务对象不熟悉行进方向时，一般不应请其先行，同时也不应让其走在外侧。二是协调的行进速度。在陪同引导服务对象时，志愿者行进的速度需与对方相协调，切勿独自行进。三是及时地关照提醒。陪同引导服务对象时，一定要处处以对方为中心。每当经过拐角、楼梯或路面坎坷、照明欠佳之处时需关照提醒对方留意，绝不可以不吭一声，而让对方茫然无知或不知所措。四是采用正确的体位。陪同引导客人时，有必要采取一些特殊的体位。如请对方开始行进时，应面向对方，稍许欠身；在行进中与对方交谈或答复其提问时，应把头部、上身转向对方。

（2）上下楼梯的行姿。一要减少在楼梯上的停留。二要坚持"靠右走"原则。三要注意礼让服务对象。

### 3.坐姿

在志愿服务中，志愿者必须先明确两点：一是允许自己采用坐姿时，才可以坐下。二是坐下之后，尤其是在志愿服务对象面前坐下后，务必要自觉地采用正确的坐姿。

（1）常用的坐姿。正襟危坐式：适用于最正规的场合。要点：上身与大腿、大腿与小腿间都应当形成直角，小腿垂直于地面。双膝、双脚包括两脚的跟部都要完全并拢。垂腿开膝式：多为男性所用，亦较为正规。要点：上身与大腿、大腿与小腿间皆为直角，小腿垂直于地面。双膝分开，但距离不得超过肩宽。双腿斜放式：适于穿裙子的女士在较低处就座所用。要点：双腿首先并拢，然后双脚向左或向右侧斜放，一般使斜放后的腿部与地面呈45度夹角。双脚交叉式：适用于各种场合，男女皆可选用。要点：双膝先要并拢，然后双脚在踝部交叉。需要注意的是，交叉后的双脚可以内收，也可以斜放，但不宜向前方远远地伸出去。

（2）应避免的坐姿。双腿叉开过大，架"二郎腿"，双腿直伸出去，将腿放在桌椅上，双手抱在腿上，将手夹在腿间，腿部抖动摇晃，脚尖指向他人。

### 4.蹲姿

志愿服务中若有必要采用蹲姿时，通常采用高低式蹲姿。要点：下蹲之时，左脚在前，右脚在后。左脚应完全着地，小腿基本上垂直于地面；右脚则应脚掌着地，脚跟提起。此刻右膝须低于左膝，右膝内侧靠于左小腿的内侧，形成左膝高右膝低之态，基本上以右腿支撑身体。

## （四）表情神态

表情神态，指的是人通过面部形态变化所表达的内心的思想感情，以及所表现出来的神情态度。志愿者在服务过程中的表情神态应当是谦恭的、友好的、真诚的。

### 1.眼神

在服务过程中，志愿者难免要与志愿服务对象进行目光的交流，此时，特别要注意注视对方的部位。依照服务礼仪的规定，在注视对方面部时，一般以注视对方的眼睛或眼睛到下巴之间的三角区域为好，表示全神贯注和洗耳恭听。在问候对方、听取诉说、征求意见、强调要点、表示诚意、与人道别时，皆可采用这样的注视方式。但是，时间上不宜过久，否则双方都会比较尴尬。当与志愿服务对象相距较远时，一般应以对方的全身为注视之点。在站立服务时，往往有此必要。

此外，在志愿服务中，有时也会因为实际需要，而对志愿服务对象身体的某一部分多加注视。例如，在递接物品时，应注视对方手部，不过在无此必要时，最好不要这么做。特别需要说明的是，如果没有任何理由，那么注视或打量志愿服务对象的头顶、胸部、腹部、臀部或大腿，都是失礼的表现。

### 2.笑容

服务时志愿者要满面笑容，意在为志愿服务对象创造出一种令人倍感轻松的氛围，同时也表现出对志愿服务对象的重视与照顾。因此，服务中要保持微笑，善于微笑。

微笑的基本做法：先放松自己的面部肌肉，然后使自己的嘴角微微向上翘起，让嘴唇略呈弧形，在不牵动鼻子、不发出笑声、不露出牙齿的前提下，轻轻一笑。但在问候、致意、与人交谈时，应露出上排八颗牙齿，这样的笑容比较有亲和力。

## （五）涉外礼仪禁忌

国际赛事中，会有来自不同国家的选手，不同国家、民族和地区有不同的风俗和习惯，不同的风俗习惯中有各种忌讳，了解各国、各民族和各地区的风俗忌讳，避免不礼貌情况的发生，也是十分重要的礼仪内容。

### 1.数字的忌讳

除西方人认为数字"13"是不吉利的之外，菲律宾人也认为"13"是厄运、灾难的象征，应当尽量避开。还有人认为星期五也是不吉利的，尤其是遇到13日又是星期五时，最好不举办任何活动。因此，志愿者在安排日常生活中的编号时，如门牌号、旅馆房号、楼层号、宴会桌编号、汽车编号等，也应尽量避开"13"这个数字。"四"字在中文和日文中的发音与"死"相近，所以在日本等国家也将它视为不吉利的数字。日语中"九"的发音与"苦"相近似，因而也属忌讳之列。

### 2.食品的忌讳

伊斯兰国家和地区的穆斯林不吃猪肉、血制品、自死物等食物；日本人不吃羊肉；印度教徒不吃牛肉；东欧一些国家的人不爱吃海味，忌吃各种动物的内脏；穆斯林不能喝任何含酒精的饮料。

### 3.颜色的忌讳

日本人认为绿色是不吉利的象征，所以忌用绿色；巴西人视棕黄色为凶丧之色；欧美许多国家以黑色为丧礼的颜色，表示对死者的悼念和尊敬；埃塞俄比亚人则以穿淡黄色的服装表示对死者的深切哀悼；叙利亚人也将黄色视为死亡之色；而巴基斯坦忌黄色是因为那是僧侣的专用服色；委内瑞拉用黄色作为医务标志；蓝色在埃及人眼里是恶魔的象征；比利时人也最忌蓝色，如遇不吉利的事，都穿蓝色衣服；土耳其人则认为花色是凶兆，因此在布置房间、客厅时绝对禁用花色，一般用素色。

**4.花卉的忌讳**

德国人认为郁金香是没有感情的花；日本人认为荷花是不吉祥之物，意味着祭奠；菊花在意大利和南美洲各国被认为是"妖花"，只能用于墓地与灵前；在法国，黄色的花被认为是不忠诚的表示；绛紫色的花在巴西一般用于葬礼；在国际交际场合，忌用菊花、杜鹃花、石竹花、黄色的花献给客人，这已成为惯例；在欧美，被邀请到朋友家做客，送花给朋友或朋友的夫人是件愉快的事，但在阿拉伯国家则是忌讳。

**5.肢体的忌讳**

佛教国家不允许随便摸小孩的头，尤其在泰国，认为人的头是神圣不可侵犯的，头部被人触摸是一种极大的侮辱；在许多国家，如泰国、缅甸、印度、马来西亚、印尼和阿拉伯国家认为左手是肮脏的，忌讳用左手拿食物、接触别人或给别人传递东西，否则，将被误会成轻蔑。在中国，对某一件事、某一个人表示赞赏时，会竖起大拇指，表示"真棒"，但是在伊朗，这个手势是对人的一种侮辱，不能随便使用。在我国摇头表示不赞同，在尼泊尔则正好相反，摇头表示很高兴、很赞同。

# 第二节 志愿服务的知识与技能

为保证志愿服务的有效顺利进行及更好地为他人服务，志愿者须具备一定的志愿服务方面的知识和技能。

## 一、志愿服务沟通与表达

交流沟通是人类行为的基础。在日常工作生活中，我们所做的每一件事情都与沟通有关，沟通也是一个信息发出与接受的过程。因此，志愿服务的成功与否，与其说在于志愿者与志愿服务对象之间交流沟通的内容，不如说在于交流沟通的方式。能否成为一名成功的志愿者，取决于交流的对方认为你所解释的信息是否可靠而且适合。而良好的交流沟通又是一个双向的过程，它依赖于你能否吸引听者的注意力和正确地解释所掌握的信息。

## （一）语言沟通

### 1.展开话题的技巧

展开话题前，可以先观察一下对方的行为态度。如果对方有微笑、跟你有眼神接触及面部表情自然，则表示可以交谈。如果对方正在忙于某些事情，或正在与别人详谈中，或正在赶往别处，则表示此时不适合交谈。

### 2.恰当提问的技巧

邀请式：如"你今天的比赛打得很好""祝贺你取得胜利"。提问式：如"你明天还有比赛吗？"

恰当地提出问题，可以帮助双方找到共同的话题。在实际交往中，采用开放式问题、中立性问题、一般性问题、探索性问题和非言语问题比采用封闭式问题、多重性问题或引导性问题更能促使交谈进行下去。如"你什么时候开始打网球的"（开放式问题）就比"你对明天的比赛有把握吗"（封闭式问题）更能展开话题。

**3.维持话题技巧**

（1）学会倾听。倾听是沟通的艺术。在倾听的过程中，应注意以下几点。

①耐心倾听别人讲话。即使对方缺乏条理，语言烦琐，你也要继续倾听下去，并且尽量控制自己的反应，切不可显示出烦躁不安的情绪。

②及时给予对方回应。在倾听的过程中，要用语言或非语言动作来表示自己正在认真倾听。这样可以使对方感觉你很专心，并且已经领会了他的意思。有时对方会间接地表达自己的想法，这时志愿者要简单总结对方的内容，讲出对方的观点及感受，表示已明白对方感受和说话背后的含义，对方会更喜欢与你倾谈，也能够促进彼此了解。

③适时适度提问。在倾听过程中，恰当地提出问题，往往有助于相互沟通。沟通的目的是获得信息，知道彼此在想什么，要做什么，可以通过提问的方法来获得这些信息，但提问要注意适度。

（2）学会赞美。每个人都有赞美别人和接受别人赞美的天性，赞美是人与人交往的润滑剂。在志愿服务过程中，要学会赞美对方，这样可以使沟通获得更好的效果。

①赞美别人要有针对性。要学会从具体的事件入手，善于发现别人哪怕是最微小的长处，并不失时机地予以赞美。

②赞美别人要有真情实感。能引起对方好感的是那些基于事实、发自

内心的赞美。

③赞美别人要善于抓机会。在赞美别人的时候，志愿者要利用各种偶然出现的情景，或者是对方无意之中表露出来的、引以为荣的事情进行赞美。用词要恰当，让对方感到很自然，这样才会有好的效果。

**4.要避免的沟通方式**

（1）傲慢无礼型：讽刺、挖苦、过分或不恰当地询问、扮演或标榜自己为心理学家。

（2）发号施令型：命令、威胁、多余的劝告。

（3）回避型：模棱两可、保留信息、转移注意力。


## （二）非语言沟通


**1.面部表情**

面部是身体上最易引人注意的部位，是非常复杂的表情管道。与人交往时，面部表情宜生动而有吸引力，并要配合说话内容。而笑容亦是重要的面部表情，一个友善的笑容，表示你愿意与人交往；别人接收了这个友善的信息后，也较愿意接近你，并与你交往。

**2.眼神接触**

如果你避免注视某个人，别人将猜测你是焦虑的、不诚实的。眼神交流过多，如瞪视，会令人很不自然。适当的眼神接触是敬意和专注的有力象征。眼神接触能有力地表示出你的态度，如尊重、服从、胆怯、愤怒，亦是开放话语的重要技巧。眼神接触要自然，但不要过于频密或逃避，或以敌视的眼神望着对方。与人交流时不需全时间望着对方的眼睛，可不时转移至对方面部的其他地方，如鼻、额头等，这样会较自然。

### 3.身体姿势

身体姿势可以显示出你希望和别人有什么样的交往关系、对方所说的事你有没有兴趣等。双手交叉或双腿交叠得太紧，都是封闭式的姿势，显示出你紧张的心绪或没有兴趣和别人交往；双手不交叉、双腿交叠而方向指向对方或微微张开，都是开放式的姿态，这些姿势被理解成你精神放松，而且愿意和别人保持交往；面向别人并且身体向前倾斜是非常重要的姿势，显示出你的敬意和投入。

### 4.手势及其他动作

说话时可以适当地配合手势的运用，促进内容表达和加强感染力，不过要注意手势运用要自然，不要太夸张。不经意地摸指甲、耍玩笔等，会表达出坐立不安的情绪。紧张的人会手握拳，或扳折手指关节等。

### 5.声线

声线包括语调、音量、清晰程度及流畅程度。语调恰当，并且高低起伏，会给人亲近感。音量要适中，不要过于大声或过于小声：过于大声令人有凶恶的感觉，过于小声令人听得困难。说话时尽量清晰及流畅，不要过于简略或含糊。

### 6.距离

人与人之间距离的远近，表示不同的意义。不同的场合或熟悉程度有不同的距离标准，可分为亲密距离、私人距离、社交距离等。一般情况下，服务距离为0.5—1.5米，展示距离为1—3米，引导距离为1—5米，待命距离为3米以上。


## （三）特殊群体沟通

在志愿服务群体中，残疾人运动员、残疾人观众、老年人是特殊的群体。由于他们在生理和心理上有一定的特殊性，一名合格的志愿者应当了解他们的生理与心理特点，掌握扶老助残的技能技巧，以使他们得到体贴的服务。

**1.老年人服务技能技巧**

志愿者在服务老年人时，需先了解老年人在进入老年期后在生理和心理上的变化，以及老年人所面对的各种问题及需要。只有充分了解老年人的情况，才能与他们进行顺利的沟通并为他们提供贴心周到的服务。

（1）老年期的生理变化。人在年老的过程中都会有一系列的老化性改变，这些都是正常的生理变化。年老后最明显的改变包括：听觉能力退化，神经系统退化（记忆力、思考力、学习力下降，说话及反应缓慢），视力衰退，呼吸系统老化（气喘），骨质疏松，心血管系统、消化系统及泌尿系统功能减弱，关节活动能力降低，等等。

（2）老年期的心理变化。老年人的心理会伴随生理功能的减退而出现变化。老年期是人生中的一个特别阶段，在这个阶段会有很多变化或变故，如退休、健康衰退、丧偶、子女结婚等，这些都会对老年人的心理产生影响，当然这些心理上的改变会因个人适应能力不同而有所区别。常见的老年期心理改变有：

①变得比较内向，自我中心倾向会比较强烈，对新生事物的接受能力减低，常存怀疑、缺乏热诚的心态。

②比较关注自己的健康状况。

③短期记忆能力降低，行为表现为啰唆、反复，容易遗忘事情或东西。

④长期记忆往往能够记得，所以怀旧情结较浓。

⑤要面对退休及亲友相继去世等情况，常感到无助及恐惧。

⑥生活圈子较为狭窄，往往就只有配偶、亲人和几名相交多年的好友。

⑦因子女不在身边，成为"空巢老人"。

（3）与老年人沟通技巧。

①保持目光接触，座位距离的远近视老年人的听觉敏锐程度而定。

②应用手势、表情等做辅助。

③不时轻触老年人的手或肩膀，表示肯定、响应和关怀。

④说话的速度要慢，语调要平稳，句子要精简直接。

⑤发问时，一次只提出一条问题，忌多重提问。

⑥宜用选择题模式发问。

⑦可重复句子或问题的最后部分，让老年人听清。

⑧适当地运用回馈，不明白老年人说话时要跟他/她讲清楚。

⑨保持忍耐。

（4）与老年人沟通的忌讳。

①在嘈杂环境中与老年人交谈。

②同一时间多人与老年人说话。

③催促老年人或急于代老年人作答。

④突然转换话题。

⑤取笑老年人。

⑥与老年人争辩。

⑦向老年人大声呼叫或故意做夸张的口部动作。

**2.残疾人服务技能技巧**

（1）残疾的分类。残疾人是指在心理、生理、人体结构上，某种组织、功能丧失或者不正常，全部或者部分丧失以正常方式从事某种活动能力的人。残疾包括视力残疾、听力残疾、语言残疾、肢体残疾、智力残疾和精神残疾等。

①视力残疾包括盲和低视力两类，是各种因素导致的双眼视力障碍或

视野缩小达到一定的程度，以致影响正常的工作、学习和生活。

②听力残疾包括聋和重听两类，即听力完全丧失和有残留听力但辨音不清，不能进行听说交往。

③语言残疾包括言语能力完全丧失和部分丧失两类，指不能进行正常言语交往。

④肢体残疾是指人的肢体残疾、畸形、麻痹所致人体运动系统不同程度的功能丧失或功能障碍。

⑤智力残疾是指人的智力明显低于一般人的水平，显示出适应行为障碍。包括：在智力发育期间，各种因素导致的智力低下；智力发育成熟后，各种因素导致的智力损伤和老年期的智力明显衰退导致的痴呆。

⑥精神残疾是指患精神疾病持续一年以上未痊愈，同时导致其对家庭、社会履行应尽职责出现一定程度的障碍。引起精神残疾的精神疾病包括精神分裂症、情感性和反应性精神障碍、脑器质性与躯体疾病所致精神障碍、精神活性物质所致精神障碍、儿童少年期精神障碍及其他精神障碍。

（2）残疾人的心理特点。残疾人除具有人类共同的心理特点外，还有特殊的心理表现，且随着残疾类别、程度、发生年龄及残疾年限的不同而有所不同。

①认知方面。不同的缺陷对认知能力和认知方式会产生不同的影响。如盲人由于视力障碍，尤其是先天视力残疾，就缺乏甚至没有视觉空间概念，没有视觉形象，头脑里没有对周围事物的完整图像；而又由于没有视觉信息的干扰，形成了爱思考、善思考的习惯，相应地抽象思维和逻辑思维就比较发达；同时，由于他们的语言听觉能力较发达，而且记忆力比较好，所记的词汇比较丰富，也形成了语言能力强的特点，许多盲人会给我们一种语言生动、说理充分的印象。又如聋哑人因听力能力较弱或丧失听力，他们和别人交往不是靠听觉器官和有声语言，而是靠手势。他们的形

象思维非常发达，逻辑思维和抽象思维就相对受到影响，特别是先天失聪者。聋哑人的视觉十分敏锐，对事物形象方面的想象力极为丰富。再如行为和人格偏离的患者，由于情绪不稳定，情绪的自我调节和自我控制能力差，其认知特点主要是现实性较差，容易偏离现实去考虑问题，带有浓厚的幻想色彩，表现出明显的片面性。

②情感方面。一是残疾人普遍存在孤独感。由于生理方面的某些缺陷，残疾人的行动受到不同程度的限制，其容易受到挫折。残疾人的活动场所少，且在许多场合常常受到歧视，他们更愿意待在家里，这样很容易产生孤独感。二是自卑与自尊同存。残疾人在生活和就业等方面所遇到的困难远比普通人要多，且难以得到足够的理解和帮助，甚至常常受到厌弃与歧视，这极易使他们产生自卑情绪，但同时他们又有很强的自尊心。三是情绪敏感且不稳定。残疾人对外界的事情比较敏感，情绪反应强烈。如聋哑人，情绪反应强烈、频率高、持续时间短，往往很容易发怒。有的残疾人以爆发式情感表现，有的则将深刻而持久的内心痛苦隐藏在心，表现为无助与自我否定。四是同情弱者。残疾人由于自身的疾患，往往对残疾同伴怀有深厚的同情，这种同病相怜的情感使同类残疾者容易结为有限的社会支持网络，甚至形成依恋。五是自强自立。有相当一部分残疾人身残志不残，具有强烈的自强自主精神。他们不愿靠别人的帮助和施舍生活，他们有坚强的毅力，付出比常人多得多的努力学会新的求生本领，除解决自己的生活问题，还能为社会创造财富。

③性格方面。不同的残疾人由于残疾情况不同，对社会的了解和理解不同，会形成特殊的性格特点。如盲人一般都比较内向、温文尔雅，内心世界丰富，情感体验深刻而含蓄，很少爆发式地外露情感，善于思考和探索。而聋哑人则比较外向，情感反应比较强烈，豪爽耿直，看问题容易注意表面现象。肢体残疾者主要表现为倔强和自我克制，他们具

有极强的耐心和忍辱精神。智力残疾者由于整个心理水平低下，难以形成较完整的性格特征。

（3）沟通与服务技巧。初次见面打招呼时要主动握手，即便对方伸出来的是假肢；说话放松，即便不小心说错话也不要显得不太自然；服务残疾人之前，要倾听残疾人的要求，征得其本人同意再实施帮助和服务；如果援助意图不被对方接受，不要坚持；不要第一次见面就询问残疾人致残的原因；不要上前主动帮助、搀扶；不要过分强调残疾人的特殊性，不要用"正常人"来反衬残疾人；助残要适度，不要疏远冷漠，也不要热情过度。

①对待盲人，走近他们时，距离2米左右时要发声打招呼，不要不吭声地靠得太近；参加盲人的活动要做简单的自我介绍，让盲人通过声音认识你；不要抚摸或者分散导盲犬的注意力，不要触摸盲杖；离开时要告知盲人；引路时，先征求盲人同意，询问其习惯及有无特殊要求，让盲人站在右侧以便保护；走近楼梯前先要告知盲人有几级台阶；让盲人入座时将盲人的一只手放在椅背上，另一只手放在椅子前面的桌子上，让盲人自行坐下；吃饭时，先帮盲人触摸餐具，尽可能详细地向盲人介绍菜肴，取菜时要征求盲人意见，每次取一两种菜，待盲人吃完再取，不要一次取太多。

②对待聋哑人士，志愿者要随身带纸笔；交谈时要正视对方，不要盯着手语翻译（如果有）；笔谈的同时要吐字清楚、简明扼要、带表情地说；社交场合若有聋人在场，要尽量把谈话内容转达给他，不要让聋人有被孤立的感觉。

③对待肢残人士，不要过多注意肢残人士的残障部位；拍照时尽量避免对残障部位的特写拍摄；推轮椅前一定要征得坐轮椅的人士的同意，不要随便触碰轮椅；推轮椅的速度要适中，不要倚靠轮椅；与坐轮椅的人士长时间谈话时要蹲下来；不要拍轮椅使用者的头或肩；主动帮

助开门；不要扶架拐的残疾人，上楼时要走在前面，以免给在前面走得慢的残疾人压力。

④对待有认知障碍的人士，说话要清楚明了，并给服务对象留询问时间；在对方说话时要注意力集中，确保听明白；有耐心，不催促，不要替对方把没说完的话说完。

## 二、志愿服务基本安全知识

在志愿服务过程中，因环境、条件的影响，不免会出现一些突发情况，因此，对一些基本安全知识的学习是非常重要的。掌握一些基本的安全知识，就能够在志愿服务中，提供一份安全保障，保护自己与他人的健康。

### （一）人身安全

#### 1.中暑

志愿服务活动场所经常在室外，尤其是遇到夏季高温、人群密集区时，志愿者可能因高温、烈日暴晒，或工作强度过大、时间过长、睡眠不足、过度疲劳而出现中暑症状。如发现有人出现皮肤潮红、头晕、胸闷、口渴、乏力、脉搏加快、意识不清甚至休克的情况，应马上采取如下措施。

（1）立即将患者移至阴凉通风处，平躺，松解衣扣，并派人与赛场医务组取得联系。

（2）给患者饮用清凉饮料，如茶水、绿豆汤、淡盐开水等。症状严重者，切忌狂饮，采用少量多次的方法，每次饮用以不超过300毫升为宜。

（3）尽快进行物理降温，应在头部、腋下、腹股沟等大血管处放置冰袋或湿毛巾，并可用冷水或浓度为50%的酒精擦浴直到皮肤发红。也可采用电风扇吹风等散热方法，但不能直接对着病人吹风，防止造成感冒。

（4）经过上述处理，如症状仍无改善时，须立即送医院治疗。

### 2.昏厥

昏厥，又称晕厥、虚脱、昏晕、昏倒，是一种暂时性、一过性脑缺血（缺氧）引起的短暂的意识丧失。特别是在大型赛事中，无论是工作人员、运动员、观众还是志愿者，经过长时间站立或下蹲过久、剧烈运动或长距离跑以后，精神过分激动、紧张，都有可能发生昏厥。昏厥的处理方法较简单，志愿者可以采取如下救治措施：立即扶病人平卧，取头低脚高位，解开其领口、腰带，女性患者同时要解开其内衣。救治者可用双手由病人下肢向其心脏部位加压按摩，驱使其血液流向脑部。立即用针刺或手指用力按压病人的人中穴、少冲穴（在小手指甲根下面），以促病人苏醒。同时，配合针刺百会、合谷、内关、十宣等穴位。如条件许可，可给病人饮热茶或咖啡；对于低血糖性昏厥者，可静脉注射浓度为10%的葡萄糖50毫升。

### 3.拥挤踩踏

在一些国际大型赛事现场，大量的运动员、裁判员，以及媒体记者和观众，将云集在空间有限、出口狭窄的各种体育场馆。作为一名志愿者，应该配合各部门维持好比赛场馆内外秩序，防止拥挤踩踏事件发生。

（1）预防踩踏发生。要时刻保持冷静，提高警惕，尽量不要受周围环境影响。事前要熟悉管辖范围内所有的安全出口，同时要保障安全出口处畅通无阻。

（2）当发现拥挤现象时，志愿者有权利和义务组织安排在场人员有序疏散。当发生踩踏情况时，志愿者在指挥过程中，应及时联系外援求助，如拨打110、119、120等急救电话。

（3）在维持秩序中，如发现慌乱人群向自己方向涌来，应快速躲到一旁，或蹲在附近的墙角下，或抓住身边牢固物体，如栏杆或柱子，等人群过去后再离开。

（4）在陷入混乱的人群时，要远离玻璃窗，以免玻璃掉下砸伤或摔倒在玻璃上而受伤；在拥挤人群中前进时，要用一只手紧握另一手腕，手肘撑开，平放于胸前，微微向前弯腰，形成一定空间，以保持呼吸道通畅；同时，要双脚站稳，切记不得主动用力向前推，以免失去重心，出现多米诺骨牌效应，导致踩踏。

（5）一旦被人挤倒在地，设法使身体蜷缩成球状，双手紧扣置于颈后，保护好头、颈、胸、腹部。

## （二）交通安全

（1）遵守交通规则，过马路走人行横道，走路不看手机。

（2）不乘坐超载车辆，不乘坐无载客许可证的车辆。

（3）乘坐正规出租车，乘车信息告知同伴或上级。

（4）乘车或乘船时不将身体的任何部位伸出窗外，不做冒险行为。

## （三）消防安全

（1）"懂"消防安全法律法规。

（2）"懂"本单位、本岗位火灾危险性。

（3）"懂"消防安全职责、制度、操作规程，以及预防火灾措施。

（4）"懂"灭火和应急疏散及火灾扑救。

（5）"懂"火场逃生方法。

## （四）信息安全

### 1.个人信息

一般信息：姓名、爱好、年龄、性别。

敏感信息：身份证号、家庭住址、手机号码、工作经历、银行卡号。

### 2.泄露信息的途径

（1）社交软件。通过微信、微博、QQ空间、贴吧等和别人互动时，有时会不自觉说出或者标注姓名、职务、工作单位等真实信息。

（2）注册登记。现在有许多需要登记的网站或者APP应用，其中个别网站或APP应用可能利用登记采集用户资料的便利条件，泄露客户信息。

（3）个人简历。目前，很多人通过网上投简历参与志愿服务，简历里包括很多个人隐私。

（4）调查问卷。志愿者要注意，有些网站会以"调查问卷"之名，诱使你填写个人信息并窃取。

（5）各类单据。快递单、车票等单据都有可能导致个人信息的泄露。

# 三、志愿服务医疗急救常识

志愿者除了需要知晓志愿服务基本安全知识以外，还需掌握医疗急救常识，懂得对突发情况的正确处理方式，以便应对紧急情况。

## （一）创伤救护

### 1. 应急处理

（1）迅速转移。将中暑者迅速转移至阴凉通风的地方，解开衣服，脱掉鞋子，让其平卧，头部不要垫高。

（2）降温。用凉水或浓度为50％的酒精擦其全身，直到皮肤发红、血管扩张，以促进散热。

（3）补充水分和无机盐类。对于能饮水的患者，应鼓励其喝足量盐开水或其他饮料；不能饮水者，应予静脉补液。

（4）及时处理呼吸、循环衰竭。呼吸衰竭时，可注射尼可刹米；循环衰竭时，可注射鲁明那钠等镇静药。

（5）医疗条件不完善时，应对患者严密观察，精心护理，严重者应及时送往附近医院进行抢救。

### 2.止血

（1）小伤口止血方法。只需要使用生理盐水或清洁水冲洗干净伤口，覆以消毒棉垫或纱布，再使用胶布或绷带进行缠绕即可。如果情况比较紧急，其他适宜清洁的物品均可以作为替代物品，如布条、手帕、毛巾等，简单止血后及时到医院处理。

（2）静脉止血方法。经过上述措施止血后，还需要用力压迫伤口进行止血。此方法可以将损伤的血管变窄扁，减慢血流速度，便于形成血凝块，从而达到止血目的。但是需要注意的是，应按压伤处5—15分钟。如果患者出血部位伤口较深，如大腿根部、腋下等，可以使用纱布将伤口填塞后进行加压包扎，还可以抬高患肢。

（3）动脉止血方法。常见的止血包扎方法有四种。

①加压包扎法：适用于小动脉、静脉和毛细血管出血的情况。具体

操作：先在伤口处盖上消毒纱布、手帕、毛巾等，再用三角巾或绷带加压包扎。

②指压止血法：适用于出血量大、有血管损伤和四肢出血等情况。具体操作：用手压迫伤口上部动脉搏动处，力度适中，时间在10—15分钟。

③止血带止血法：在上下肢出血用加压包扎法无效时使用。具体操作：紧靠伤口上方1/3处将伤肢扎紧，尽量扎在衣裤外，时间不宜过久。

④屈肢加垫止血法：适用于膝或肘以下部位出血、无骨折的情况。具体操作：用毛巾卷等塞在腘窝或肘窝处，将关节屈曲，再用绷带或三角巾紧紧捆住。

### 3.包扎

包扎的目的在于防止伤口感染、止血以及将骨折处固定住，支持肢体和关节。在包扎时，首先应使用棉垫或纱布覆盖伤口，之后予以绷带固定。如果情况紧急，可以选择干净床单、围巾、毛巾、衣物等代替。若是四肢包扎，应将脚趾或手指露出，以便观察皮肤颜色和状态。包扎的松紧以起到止血、固定纱布垫的作用为度，以免过紧影响机体血液循环。如果包扎的目的在于固定，那么绷带在打结时应位于伤侧；如果包扎的位置在四肢关节部位，应在关节凹陷处填塞足够的填料，以免发生关节强直情况。

此外，对于特殊部位的包扎，如胸口部位，若能听见随呼吸存在漏气声响，应马上闭贴伤口；腹腔内脏脱出，不能将其塞回腹中，可以先使用纱布将内脏卷成保护圈放置于周围，之后使用三角巾进行包扎。

### 4.骨折固定

四肢骨折现场急救外固定时需注意以下几点。

（1）有创口者应先止血、消毒、包扎，再固定。

（2）固定前应先用布料、棉花、毛巾等软物，铺垫在夹板上，以免损伤皮肤。

（3）用绷带固定夹板时，应先从骨折的下部缠起，以避免患肢充血水肿。

（4）夹板应放在骨折部位的下方或两侧，应固定上下各一个关节。

（5）大腿、小腿及脊柱骨折者，不宜随意搬动，应临时就地固定。

（6）固定时应紧松适宜。

### 5.搬运

搬运是指用人工或简单的工具将伤病员从发病现场移动到能够治疗的场所，或将经过现场救治的伤员移动到运输工具上。搬运时，如方法和工具选择不当，轻则加重病人痛苦，重者造成二次损害，甚至是终身瘫痪。搬运时要根据不同的伤员和病情，因地制宜地选择合适的搬运方法和工具，而且动作要轻、快。下面对几种常用的搬运方法做一介绍。

担架搬运法是最常用的方法，适用于路程长、病情重的情况。担架的种类很多，有帆布担架，即将一块帆布固定在两根长木棒上；绳索担架，即用一根长的结实的绳子绕在两根长竹竿或木棒上；被服担架，即用两件衣服或长大衣，将袖子翻向里侧，袖管内插入两根木棒，将纽扣仔细扣牢。在运送过程中，如病人呼吸困难，不能平卧，可将病人背部垫高，让病人处于半卧位，有利于缓解呼吸困难；如是腹部受伤，要叫病人双下肢屈曲，脚底踩在担架上，以松弛肌肤，减轻疼痛；如是背部受伤则采取俯卧位；对脑出血的病人，头部稍垫高。

如果在现场找不到任何搬运工具，而伤情又不太重时，可用徒手搬运法搬运。此法又分单人搬运和双人搬运。

（1）单人徒手搬运法。

①扶持法。此法适用于伤病较轻、不能自己行走的伤员，如头部外伤、锁骨骨折、上肢骨折、胸部骨折、头昏等伤病员。扶持时救护者站在伤病员一侧，将其臂放在自己肩、颈部。救护者一手拉其手腕，另一手扶

住病人腰部行走。

②抱持法。适用于不能行走的伤病员，如有较重的头、胸、腹及下肢伤，或昏迷的伤病员。抱时救护者蹲于一侧，一手托伤者背部，一手托大腿，轻轻抱起伤病员，伤病员（意识清者）可用手扶住救护者的颈部。

③背负法。抢救者蹲在伤病员前面，呈同一方向，微弯背部，将伤病员背起。胸、腹受伤的伤病员不宜采用此法。如伤病员卧于地上，不能站立，则救护者和伤病员同方向侧躺，一手反向紧握伤病员肩部，另一手抱腿用力翻身，慢慢站起来。

④拖拉法。用于一个人在房屋垮塌、火灾现场或其他不便于直接抱、扶、背的急救现场，不论伤者意识清醒与否均可使用。救护者站在伤病员背后，两手从其腋下伸到胸前，先将其双手交叉，再握紧其双手，使伤病员背部紧靠在救护者的胸前，慢慢向后退，走到安全的地方。

（2）双人徒手搬运法。

①椅托式。两名救护者在伤员两侧对立，各以右和左膝跪地，并以一手伸入伤病员大腿之下互相握紧，另一手交替扶住伤病员背部，抬起伤员。

②拉车式。两名救护者一个站在伤病员身后，两手从腋下将其抱在胸前，随后另一人先跨在伤病员两腿中间，用双手抓住其两膝关节，慢慢将伤者抬起。

③平拖式。两名救护者站在伤病员同侧，一人用手臂抱住伤病员肩部、腰部，另一人用手抱住伤病员臀部，齐步平行走。

## （二）心肺复苏

心肺复苏步骤如下。

**第1步：判断患者有无意识。**

发现有人晕倒，首先应用力拍打患者肩部并大声呼喊："您怎么了，醒醒！"如果没应答，这时应触摸患者颈动脉，感受有无搏动，同时贴近患者鼻腔，感受患者有无自主呼吸并观察胸廓有无起伏，若感受不到动脉搏动、呼吸、心跳与胸廓起伏，判断患者为意识丧失状态，立即进行心肺复苏。

**第2步：胸外按压。**

准备：将患者平放于硬板床或平整地面上，解开衣物。

按压部位：两乳头连线中点。

按压方法：两手叠扣，两臂伸直，肘关节不可以弯曲，利用身体重力，垂直向下用力按压。

按压深度：使胸骨下陷至少5厘米，每一次按压后要让胸廓充分回弹，但手掌始终不离开按压部位。按压与放松的时间应大致相等。

按压频率：每分钟100—120次。

比例：30次胸外按压，2次人工呼吸。

**第3步：气道开放。**

进行胸外按压后，患者可能会出现呕吐的情况，这时需将头偏向一侧，清除口鼻腔分泌物（若有），可以用纱布或者手帕将异物从口腔中掏出，有假牙的患者要注意取下假牙。若无颈部损伤，用仰头抬下巴的方法打开气道；若有颈部损伤，用双手托颌法。

**第4步：人工呼吸。**

气道通畅后应迅速进行口对口人工呼吸。让患者仰卧，施救者一手托患者下颌使其头后仰，另一手捏患者鼻孔并用手掌边缘压住其额头，吸气后对患者口内用力吹气（注意要将患者的嘴包严），然后放开鼻孔，待胸廓回缩呼气。连续吹气2次，每次吹气要见患者胸廓有明显起伏才表示有效。如此重复循环5次以后，判断患者状态，若复苏无效，继续按压。

# 四、志愿服务应急事件处置

活动进行过程中，我们无法避免一些应急事件的发生，所以，为保证志愿服务活动的安全正常进行，保护生命健康安全，学习志愿服务应急事件处置已成为志愿服务者的必要任务。

## （一）突发性自然灾害

### 1.地震

（1）震时就近躲避，震后迅速撤离到安全的地方，是应急避震较好的办法。因为震时预警时间很短，人又往往无法自主行动，再加之门窗变形等，从室内跑出十分困难；如果是在楼里，跑出来更是几乎不可能的。但若在平房里，发现预警现象早，室外比较空旷，则可力争跑出避震。

（2）躲避在室内结实、不易倾倒、能掩护身体的物体下或物体旁，或者开间小、有支撑的地方；在室外要远离建筑物，躲在开阔、安全的地方。

（3）应趴下，使身体重心降到最低，脸朝下，不要压住口鼻，以利呼吸；蹲下或坐下时尽量蜷曲身体；抓住身边牢固的物体，以防摔倒或因身体移位暴露在坚实物体外而受伤。

（4）低头，用手护住头部和后颈，有可能时，用身边的物品，如枕头、被褥等顶在头上以保护头颈部；低头、闭眼，以防异物伤害眼睛；有可能时，可用湿毛巾捂住口、鼻，以防灰土、毒气。

（5）不要随便点明火，因为空气中可能充溢着易燃易爆气体；要避开人流，不要乱挤乱拥，拥挤时不但不能脱离险境，反而可能因跌倒、踩踏、碰撞等而受伤。无论在什么场合，如街上、公寓、学校、商店、娱乐场所等，均如此。

### 2.台风

（1）台风伤害严重，千万不要忽视。不重视台风危害的人群的伤害发生率是重视人群的17倍。

（2）台风伤害的预防重点时间是台风登陆前1—6小时，尤其是登陆前3—4小时，而不是登陆时。因此一切准备工作要在台风登陆前12小时完成，台风登陆前1—6小时应避免外出，尽量留在屋内。不在屋内的人群发生伤害的危险是留在屋内人群的4倍。

（3）台风伤害的预防重点人群是老年人，尤其是70岁以上的老年人。

（4）台风伤害和致死的主要原因是房屋倒塌、硬物击伤和跌倒，因此，危房人群一定要及时撤离。

（5）台风来临前12小时要加固门窗，不要等台风来时再去关门窗或者修房屋。

台风蓝色预警信号含义：预计未来48小时将有热带风暴（中心附近最大平均风速8—9级）登陆或影响我国沿海。

台风黄色预警信号含义：预计未来48小时将有强热带风暴（中心附近最大平均风速10—11级）登陆或影响我国沿海。

台风橙色预警信号含义：预计未来48小时将有台风（中心附近最大平均风速12—13级）登陆或影响我国沿海。

台风红色预警信号含义：预计未来48小时将有台风（中心附近最大平均风速14—15级）、超强台风（中心附近最大平均风速16级及以上）登陆或影响我国沿海。

台风是可以预防的，在科学技术高速发展的今天，用现代化设备已经可以精确地预测出台风的具体移动方向、登陆地点及时间。只要采取有效的防御措施，提高科学探测预警水平，全力做好防、抗、救工作，趋利避害，就能使受灾程度降至最低。在台风来临前要注意收看各级气象台站发布的台风灾害性天气预警信息，为确保广大中小学生的生命安全，提前做好相应的准备工作，同时要尽量减少外出，远离低洼地区及海边等危险地区及树木、广告牌等危险设施或物品；将地处在危险地区的居民提前转移至安全的地区。

### 3.雾霾

（1）做好防护措施。在雾霾天气时，外出需佩戴口罩。外出回家后，注意清洗裸露的皮肤和面部。

（2）注意饮食。雾霾天的饮食宜选择清淡易消化且富含维生素的食物。

（3）增加饮水量。多饮水可以促进体内血液循环。多吃新鲜蔬菜和水果不仅可补充各种维生素和无机盐，还能起到润肺除燥、祛痰止咳、健脾补肾的作用。少吃刺激性食物，多吃些梨、枇杷、橙子、橘子等清肺化痰食品。

（4）不宜做室外活动。雾霾天最好不出门，更不宜晨练，否则可能诱发呼吸道疾病和心血管疾病，甚至使心脏病发作，引起生命危险。同时，雾霾中的一些病原体会导致头痛，甚至引发高血压、脑溢血等疾病。因此，患有心血管疾病的人，尤其是年老体弱者，不宜在雾霾天出门，更不宜在雾霾天晨练，以免发生危险。

### 4.泥石流

（1）根据各种现象判断泥石流会发生后，应立即逃生，并选择最短、最安全的路径向沟谷两侧山坡或高地跑，切忌顺着泥石流前进方向跑。

（2）不要停留在坡度大、土层厚的低凹处或高边坡下。

（3）不要攀爬上树避险，因泥石流可能会冲垮沿线的一切障碍物。

（4）避开河（沟）道弯曲的凹岸或地方狭小高度又低的凸岸，不要躲在陡峭山体下，以免坡面形成泥石流或塌体而出现危险。

（5）长时间降雨或暴雨渐小之后或雨刚停，不要马上返回危险区，因为泥石流常常就是降雨之后爆发的。

（6）白天降雨较多后，夜间要密切注意雨情，家居大冲沟、河谷地段的一定要进行安全排查，派出人员昼夜监视、巡逻，最好提前进行安全转移、撤离。

（7）根据近几年的教训，凡在名山峡谷中游玩的团队、旅客，切忌在沟道或峡谷低平处搭建临时栖身营棚，以防不测。

## （二）事故灾害

### 1.电梯遇险

电梯发生故障时，被困者应保持镇静，使用电梯内报警装置如电话、警铃按钮等通信设备及时与电梯值班人员联络，并耐心等待救援人员的到来。若电梯内的通信报警装置失效，可通过拨打手机等方式向电梯维修保养单位求救，电梯维修保养单位电话号码打印在"安全检验合格"标志贴上。若没有任何通信工具，可拍打电梯门向外界呼救。

如果遇到电梯急速下坠，被困者应将整个背部和头部紧贴在电梯厢内壁或双手抱颈，以防脊椎骨折。被困者也可采取半蹲的姿势，脚尖点地、脚跟提起，借助腿部韧带减轻电梯急速下坠对人体的伤害。

### 2.地铁遇险

地铁内发生火灾、毒气、恐怖袭击时，往往比地面造成的伤亡更大，拥挤和密闭是其主要的原因。具体应急措施如下。

（1）乘坐地铁或城市轻轨时不要倚靠在门上，应尽量往车厢中部走。因为一旦发生撞车事故，车厢的两头和车门附近是最危险的地方。进入地铁应经常留意安全疏散通道位置。

（2）一旦行进中的车辆起火，乘客应全力将其扑灭。车上备有灭火器材，不够用时可到前后车厢提取。其他人员可用衣服、矿泉水等灭火（非油类和电器起火）。

（3）火势大时先将老、弱、病、残、幼儿转移到安全车厢，并关闭起火车厢的门，防止火势蔓延。遇到有门发热不要打开，以免被门对面的火势吞噬。

（4）险情发生时常伴有停电情况，可借助前期的事故应急灯逃生，某些区域很黑则可用手电、手机屏等做逃生的临时照明之用，甚至用手前伸摸索着逃生。

（5）用湿巾、湿布掩住口鼻可防止大量吸入毒气，并用低姿势外逃。

（6）烟、尘较大时绝不可采用匍匐前进的方法逃离，以免贻误逃生的时机和被慌乱的人群践踏。不能大口呼吸，以免吸入更多的有毒物质。有时甚至可用塑料袋、密封的箱子在毒气扩散前装满空气，供逃生时吸入几口救命。

（7）灾难发生时要全力防止因混乱而被人挤倒踩踏。预防的方法是左右手臂向外撑开人群，减少落到双脚的体重，让人群带着自己移向逃生口。万一倒地则应尽力正面朝下，迅速护住头和颈部顽强地站起来，否则会被混乱的人群踩死。这时一定要服从地铁工作人员的指挥或引导。

### 3.拥挤踩踏

（1）面对混乱的场面，具有良好的心理素质是顺利逃生的重要因素。在拥挤的人群中，一定要保持警惕，不要受好奇心驱使。

（2）遭遇拥挤的人流时，若被推倒，要设法靠近墙壁，并面向墙壁，身体蜷成球状，双手在颈后紧扣，以保护身体最脆弱的部位。

（3）踩踏事故发生后，一定要赶快报警等待救援，在医务人员到达现场前，要抓紧时间自救和互救。如发现伤者，已停止心跳，要赶快做人工呼吸和胸外按压。

**4.意外爆炸**

（1）迅速将伤员抬离现场，转移到空气清新的地方，以免烟雾、余爆等继续伤害伤员。

（2）如果伤员的心跳、呼吸微弱或停止，应立即进行胸外按压及人工呼吸进行抢救。

（3）如果伤员有外伤出血，应立即进行止血、包扎，并请医生继续救治。

（4）若伤员是烧灼伤，应用干净的生理盐水冲洗冷却创伤，并敷以消炎药物，用干净纱布或毛巾、手帕等包扎，以防创面感染。

（5）如果伤员出现骨折，应及时进行固定、包扎，然后迅速送医院处理。

**5.人为火灾**

（1）当发现煳味、烟味、不正常热度时，应马上寻找产生上述异常情况的具体位置，同时将发生的情况逐级上报。

（2）初起之火比较容易扑灭，即使火势较猛，也要组织人力集中进行扑救，这样尽管不能完全灭火，但也能控制火势蔓延。扑救初起火灾，要分秒必争，在报警的同时，采用各种可行的方法扑灭，万不可坐等消防队的到来而失去灭火良机。在扑救过程中应注意保护现场，以便事后查找失火原因。

（3）当火灾情况紧急时，应马上拨打公安消防机关报警电话。报警时要讲清火灾发生的具体地点、燃烧物质、火势大小，报警人的姓名、身份和所在部门及联系电话。打完电话后，还要派人到临近的交叉路口等候消防车的到来，以引导消防员迅速赶赴火场。与此同时，要迅速组织保安员疏通灭火通道，清除障碍物，使救火车辆到达火场后能进入最佳位置进行扑救。

（4）在无人身危险或火势较小且能够及时扑灭时，尽量不要惊扰过多的人。但如果火情比较严重，应组织人群疏散。在疏散人群的同时，应派专人进入房间进行检查，以防疏漏而造成损失。

（5）发生火灾时的抢救原则：先抢救人，后抢救财物。

## （三）公共卫生事件

### 1.传染性疾病

由于某些志愿服务活动聚集人员较多，如果控制不当，容易造成集体感染传染病。因此，需要采取正确的措施加以处理，防止大面积人员感染传染病。

（1）如发现志愿者有集体发烧、咳嗽等不良症状，应立即报告现场负责人和有关主管部门，对患者进行隔离，同时启动应急救援方案。

（2）立即把患者送往医院进行诊治，陪同人员必须做好防护隔离措施。

（3）对可能出现病原的场所及时进行隔离、消毒，严格控制疾病的再次传播。

（4）加强对现场志愿者的教育和管理，落实各级责任制，严格履行登记手续，做好病情的监测工作。

### 2.食品安全

（1）停止食用可疑致病食品。

（2）采取患者生物标本，尽快送检。

（3）在食物性质未查明之前，不一定要等待明确诊断，只要符合食物中毒的特点，就应立即进行一般急救处理。

（4）急救治疗主要包括排除体内物质（如催吐、洗胃、清肠）、对症治疗和特殊治疗。

## （四）社会安全事件

### 1.恐怖事件

（1）及时报警。向就近的工作人员报警或通过报警器向警方报警，并迅速疏散周围的人员。报警时，避免使用无线电通信工具，以免引爆无线电遥控的爆炸物。

（2）适当应对。根据恐怖事件的情况及其所在位置，要求采取不同的紧急处置方法：对于爆炸恐怖事件，应脸朝下且头部背向爆炸物就地卧倒，或尽量选择安全位置躲避；对于生物、化学恐怖事件，应立即离开污染区域，不接触可疑物品，要尽快实施自我防护，如利用随身携带的物品遮蔽面部尤其是口鼻部位，遮盖或减少身体裸露部分；对于劫持恐怖事件，要沉着冷静、机智灵活地应对恐怖分子。

（3）迅速撤离。在工作人员或警方的组织下，保持镇静，听从指挥，按规定的路线迅速、有序地撤离现场。撤离时，不要相互拥挤，以免堵塞出口、发生骚乱或引起踩踏事故。

### 2.抢劫

（1）保持镇定，及时做出反应；若无能力制服作案人，可保持距离追赶并大声呼救，以求援助。

（2）追赶不及的，应看清作案人的逃跑方向和有关衣着、发型、动作等特征，及时报警。

### 3.绑架

（1）学会保护自己，要运用自己的智慧，同坏人周旋。

（2）在被绑架的过程中，要尽量记住沿途的地名、路名和绑匪的特征，或者留下亲人熟悉的标记。

（3）尽可能拖延时间，寻找各种借口给绑匪制造困难，如说身体不适，或可大哭，或可扭动身体，或做出其他反常的行为，或趁绑匪不注意时制造信号以引起外界注意，或者趁机呼救。

## （五）新闻媒体应对和舆情处置

### 1.应对媒体的态度

（1）充分尊重媒体。记者是新闻媒体的工作人员，以新闻媒体的名义从事采访报道活动，当然也就享有必要的职业权利：采访权、批评或评论权、著作权、与职业有关的人身安全权、履行职责所必需的通信交通便利等。所以，志愿者应该充分尊重媒体记者的职务行为。

（2）礼貌应对媒体。接受采访前，核实记者身份，了解媒体采访需求。志愿者可根据自身意愿，选择接受或拒绝采访。接受访问时，提供给媒体的信息和内容要客观、准确。增强保密意识，不得向媒体或外界透露工作机密。采访过程中，对于不了解、不便于回答、与志愿者工作无关的问题要礼貌回绝。同时，接受采访时要注意维护志愿者的整体形象，以展示志愿者的整体风采。

（3）主动联系媒体。针对媒体追求信息的特点，志愿者可以主动将好的信息呈现给他们，而非躲躲闪闪、缄口不言。故事是最具有感染力和说服力的语言。所以要成为一名优秀的志愿者，就要深入了解志愿服务工作，要准备很多有意思的小故事，以随时讲给媒体记者及外国客人听。

（4）适当做好准备。志愿者应了解媒体采访规范，接受相关培训，了解社会志愿者个体情况和专业岗位的服务情况，做好接受媒体采访的准备。同时，在正式接受媒体采访时，也要有所准备。首先，仪态上要举止自然、大方；其次，要注意语言艺术，做到用语礼貌，说话简明扼要、条理清楚、重点集中，让人既一听就懂，又难以忘怀，不要卖弄口才、口若悬河。

（5）遵守组织管理制度。工作时间不宜接受正式采访，如确有需要，经请示志愿者所在业务口负责人同意并安排替岗人员后，方可接受采访。采访结束后应及时将采访情况向志愿者所在业务负责人反馈。

**2.志愿者识别媒体的技巧**

志愿者们不仅要面对大量的境内媒体记者，还要面对大量的境外媒体记者。因此，志愿者们应掌握一定的识别媒体的技巧，有效地为媒体提供恰当的服务。"不回避、不遮掩、不说谎"是对待媒体采访最基本的态度。新闻事件发生后，尤其是突发事件，社会关注度很高、影响面很广，受众对事件发生瞬间的真相探寻、对事故原因的思考和总结、对事件发展走势的判断和预测，都是突发事件发生后民间舆论场的焦点话题。

（1）了解境外媒体的性质特点。志愿者在服务的过程中，要注意以下两点。

一是要了解媒体的政治倾向。要弄清楚所面对的媒体是不是合法媒体，还要弄明白所面对的媒体所属的政治势力是什么党派、什么利益集团，谁提供资金给它，等等。另外，还需要弄明白它对我们中国、中国人民、中华民族是不是友好的。

二是要了解媒体的实际影响力。要弄明白这个媒体是不是主流媒体，是官方媒体还是民间媒体。西方的主流媒体，如美国有线电视新闻网（CNN）、华盛顿邮报，德国世界报等，大多由某个财团控制，为一定的政党服务。而中国的人民日报、新华社及中央电视台等新闻媒体是由国家拥有的，从人事调配、传播内容到部分经费支持，都由政府的有关部门负责管理。

（2）熟悉不同记者的身份性质。媒体记者按活动范围和业务分工大体分为专业记者、特派记者、地方记者、特约记者等类别。

专业记者是专门采访和报道某一行业或某一战线的记者。专业记者的最大特点是"专"。他们在自己领域掌握着较多的专业知识，并有一定的研究经验和独到的见解。经过几十年的发展，中国新闻节目形态逐步得到完善，比如有经济新闻、娱乐新闻、体育新闻等，相应地就产生了财经记者、娱乐记者、体育记者等等。

特派记者是受编辑部派遣去完成特别的采访任务的记者，跟一般记者相比，他们的业务水平、活动能力及身体素质都比较好。

为了全面及时地报道媒体编辑部驻地以外的新闻，新闻部门往往会派出记者常驻某地，或者在某地建立记者站，负责完成当地新闻报道的任务。这些驻外地的记者一般被称为地方记者，如人民日报、新华社及中国青年报等都在各省建立了自己的记者站。

特约记者是新闻单位为约请外单位的人员完成某项重要的采写任务而给以被约请人员的称号。特约记者采写的稿件一般都比较重要且富有特色。

（3）应对网络舆情的"234"策略。突发事件发生后，网络上的舆情一定会集中地体现和反映。因此，对于任何组织和个人而言，高度重视网络舆情，学习必要的应对策略和技巧可备不时之需。做好舆情应对要"确保两个前提""坚持三个原则""把握四个要点"。

①确保两个前提。第一，打铁还得自身硬。对于政府部门、社会机构而言，要做好本职工作，危机管理和预防功夫要体现在平时；对于企业而言，要注意规避企业社会责任短板，努力与社会正向价值充分融合。第二，提高舆情素养。科学应对媒体，正确引导舆论；舆情处置能力是企业风险管控的重要组成部分，处置突发事件水平的高低直接反映

其互联网运用能力的高低。

②坚持三个原则。一是直面问题，要在舆论压力面前不卑不亢，做到不慌、不怕、不躲、不拖、不堵、不抗、不纵；二是还原真相，要站稳立场、全面客观、尊重监督，用证据说话，以法律为准绳；三是应对灵活，要掌握时间、把握尺度、注重效果，清除猜疑与分歧。

③把握四个要点。既要快速反应，更要科学反映；既要务实处置，也要善用主流舆论（与主流媒体、意见领袖建立统一战线）；要正确看待理性舆情与非理性舆情；既要尊重民意，又要避免被"民意"绑架。

## 五、志愿者自我心理调适

志愿者虽然是在自愿的基础上参与志愿服务工作，但每个人的参与动机不同，面对众多志愿者，组织方不可能按个人意愿安排工作。在工作中，志愿者可能因个人日常开销增加而产生物质损失；可能因工作繁重、被服务对象误会和责备而产生精神损失；可能因个人能力不够而产生自卑情绪；可能因性格不同致使志愿者组织内部不和谐。这些因素都可能使志愿者产生"埋怨心理""攀比心理""逆差心理"，从而造成志愿者的挫折感，影响志愿服务的质量。除了组织方加强管理、增加激励措施外，更重要的是志愿者要不断进行自我调节，尽快适应岗位，圆满完成志愿服务。

### （一）存在的主要问题

#### 1.对志愿服务存在误解
一是认为志愿服务就是只有奉献，甚至牺牲个人利益、维护他人利益的活动；二是认为赛事志愿者可以利用工作之便观看比赛，与明星近距离接触，等等。实际上，任何赛事的志愿者都是没有特权的。

**2.对工作性质缺乏认识**

大多数志愿者可能从事的都是一些单调乏味的工作，比如，在志愿服务赛事场馆内做清场、清洁，在赛场外提供咨询服务、顶着烈日维持秩序等，这就很容易让志愿者对服务工作感到简单、乏味、枯燥。

**3.对服务对象缺乏了解**

由于服务群体的多元化，以及中外文化的差异，志愿者有可能因为对服务对象缺乏足够了解致使自己的服务得不到良好的回应，甚至被服务对象误解，从而受到打击，服务热情大减。

**4.对服务技能缺少掌握**

不同类型的志愿服务需要志愿者拥有不同的服务技能，才能更好地保证志愿服务的质量。很多志愿者可能缺乏与人沟通的能力或相关专业技能，即使通过短期培训，但在实践操作中也难以熟练运用，此时志愿者很容易产生挫折感。

## （二）自我调适的方法

心理调适是指使用科学的方法对认知、情绪、意志、意向等心理活动进行调整，以保持或恢复正常状态的实践活动。既可以自己进行心理调适，也可通过帮助别人进行心理调试。

自我心理调适是根据自身发展及环境的需要对自己进行的心理控制和调节，从而最大限度地发挥个人潜力，维护心理平衡，消除心理问题。它是解决和摆脱低落情绪甚至痛苦的最佳途径。所以，当志愿者遇到一般的心理问题时，尽早依靠自己的力量进行调适和释放，有助于快速恢复健康的心理状态。自我心理调适的方法有如下几种：

**1.理解志愿服务的价值**

志愿服务诠释了志愿精神的核心：奉献、友爱、互助、进步。参与志愿服务活动，既服务他人奉献社会，又可扩大自己的生活圈子，亲身体验社会上的人与事，加深对社会的认识，这种社会实践对志愿者自身的成长和提高是十分有益的。志愿者在参与志愿服务的过程中，除了可以帮助他人外，还可以学习新知识、增强自信心、学会与人相处，更有助于培养自己的组织领导能力。顺境时，要保持头脑冷静，不能忘乎所以，放松警惕，随时准备好应对将来可能发生的变化。逆境时，不能惊慌失措，丧失信心，要看到优势所在，树立起做好工作的信心，通过利用有利条件、发挥才能走出困境，获得成就，真正理解志愿服务的内在价值。

**2.进行适当的情绪宣泄**

宣泄法是指让当事人把过去在某个情境或某个时候受到的心理创伤、不幸遭遇和所感受到的情绪发泄出来，以达到缓解和消除当事人消极情绪目的的方法。通过宣泄内心的郁闷、愤怒和悲痛，可以减轻或消除心理压力，避免引起情绪过度紧张，甚至是精神崩溃，这有助于恢复心理平衡。例如，志愿者把志愿服务过程中的忧愁、烦恼、不悦、悲伤等向亲朋好友倾吐，可以起到释放负面情绪的作用；或者通过参加一些体育运动，有效地舒缓情绪，起到镇静和抗抑郁的作用。在特定的情绪氛围里，也可以通过哭泣来释放压抑的情绪，达到心境的平和。

**3.改善人际交往，建立心理相容关系**

优良的人际关系是积极完成志愿服务任务的根本。第一，要待人热诚，要想让别人接受你，你先要尊重别人、认可别人、接纳别人。没有人会真正地拒绝热诚的人。第二，要善解人意。每个"小我"都渴望被别人关心，渴望被人接纳。因此，要学会聆听，尊重他人。第三，要学会发现别人的长处，即要用赏识的目光对待伙伴，并适当地表达出来。在人际交往中，最忌讳为满足个人需求而剥夺别人的权益。心理相容关系是指交往双方的言谈举止、思想面貌、个性特征、气质风度等都能被对方认可、悦纳的心理关系。志愿者若能在与他人的交往过程中建立这种相互"认可、悦纳"的心理关系，就可以留给别人可亲可近的心理感受，这有利于消除交往双方的心理障碍，缩短彼此间的心理距离。心理相容关系要靠真诚维持，而真诚需要在角色互换中体验和锻炼，即志愿者有时是志愿者，有时是别人的晚辈、同辈或朋友。这样的角色互换可以让交往双方体验到一种心理共鸣，从而让彼此保持一种良好的关系。当然，心理相容关系的建立和维持中除了要靠真诚，还需要靠相互信任、理解、支持等。

**4.以奉献的精神全身心地投入任务**

志愿者遇到挫折的时候，要理智地全身心投入任务当中，挑战自我。服务过程中，志愿者对于失败或发生的问题，在任何时候都要先从自己身上找原因，这样考虑才算是有责任感的人。如果自己的言论或行动是产生问题的直接原因，那理所当然地要承担责任。如果是因别人而发生问题，那也不要把责任全部推给他人，应该想到自己在处理事情方面也应负有相应的责任。一方面要做的是总结经验教训，通过解决问题进一步提高自身形象，使类似事件成为今后发展的台阶，更好地为服务对象提供优质服务。另一方面，自己要敢于承担责任，不推卸责任，不把责任转嫁给他人，才能赢得周围同事的认同和信赖，同时自身也能不断获得成长与发展。除此之外，志愿者还要抵得住诱惑，耐得住寂寞，对生理、心理和外部环境进行控制；也可以通过培养自身的幽默感、学会在适当的时候激励自己和善于利用积极的心理暗示等方法，战胜志愿服务过程中的一系列艰难险阻，走出困境。

**5.必要时进行心理咨询，寻求专业支持**

当心理问题通过以上方法仍然不能解决时，就需要通过他人帮助进行心理调适，可以向志愿者组织设立的心理服务站寻求专业的帮助。个别心理咨询是针对有特殊问题的志愿者，心理咨询师在与志愿者进行一对一的个别会谈中，通过建立良好的咨访关系，倾听志愿者对自身问题的描述与感受，确立希望达到的目标，利用多种影响技术，向志愿者提供观察问题的视角，引导志愿者进行自我探索，选择适当解决问题的策略，制定有效的行动方案，在帮助志愿者解决问题的同时，培养志愿者自身解决问题的能力，从而引导志愿者通过认知调整、行为训练、情绪管理等方法解决心理问题，较快恢复健康心态，投入志愿服务活动中去。

# 参考文献

［1］张洪彬.论志愿精神［D］.长春：东北师范大学，2011.

［2］李倩.大学生志愿精神培养的路径探析［D］.太原：山西财经大学，2013.

［3］秦晖.政府与企业以外的现代化——中西公益事业史比较研究［M］.杭州：浙江人民出版社，1999.

［4］张耀灿.关于弘扬志愿精神的几个问题［J］.思想政治教育研究，2011（5）：1-4.

［5］共青团北京市委员会，北京青年研究会.志愿者形象及其社会影响［M］.北京：人民出版社，2009.

［6］邱服兵，陈林耿，魏万青.广州亚运会"志愿礼"的产生和应用［J］.青年探索，2010（5）：12-17.

［7］高娱.大学生志愿服务的思想政治教育功能及其实现途径［D］.西安：陕西师范大学，2012.

［8］陆士桢.建设独具中国特色的志愿服务体系［J］.中国国情国力，2016（3）：9.

［9］谭建光.中国青年轨迹：从"四最精神"到"四最志愿"［J］.中国青年研究，2017（3）：42-48.

［10］黄文秀，赵金飞，郭维平.习近平"红船精神"论述的深刻内涵及重大意义［J］.嘉兴学院学报，2016（7）：5-11.

［11］习近平致中国志愿服务联合会第二届会员代表大会的贺信［J］.新生代，2021（2）：2.

［12］祝灵君.人民对美好生活的向往就是我们的奋斗目标［N］.学习时报，2021-04-09（1）.

［13］习近平在庆祝改革开放40周年大会上的讲话［N］.人民日报，2018-12-19（2）.

［14］决胜全面建成小康社会　夺取新时代中国特色社会主义伟大胜利［N］.人民日报，2017-10-28（1）.

［15］吕延勤."红船精神"是思想建党的宝贵财富［N］.中国教育报，2021-04-01（6）.

［16］郭长义.雷锋精神红船精神具有内在一致性［N］.辽宁日报，2019-09-24（7）.

［17］田思源.我国志愿服务立法的现状及构想［J］.法学，2008（5）：42-53.

［18］葛敏.我国大学生志愿精神培育研究［D］.南京：南京师范大学，2010.

［19］陈晓峰.时代需要志愿服务精神［J］.半月谈，2005（8）：6-7.

［20］姚本先.大学生心理健康教育［M］.合肥：安徽大学出版社，2012.

［21］李鹤.如何缓解心理压力［J］.心理与健康，2003（6）：34-35.

［22］张洪波.大规模群体性事件的识别和治理［J］.河南警察学院学报，2018，27（6）：104-110.

［23］邓国胜.中国志愿服务发展的模式［J］.社会科学研究，2002（2）：108-110.